Das waren noch Zeiten…

Leserinnen und Leser der Zeitlupe erinnern sich

ZEITLUPE

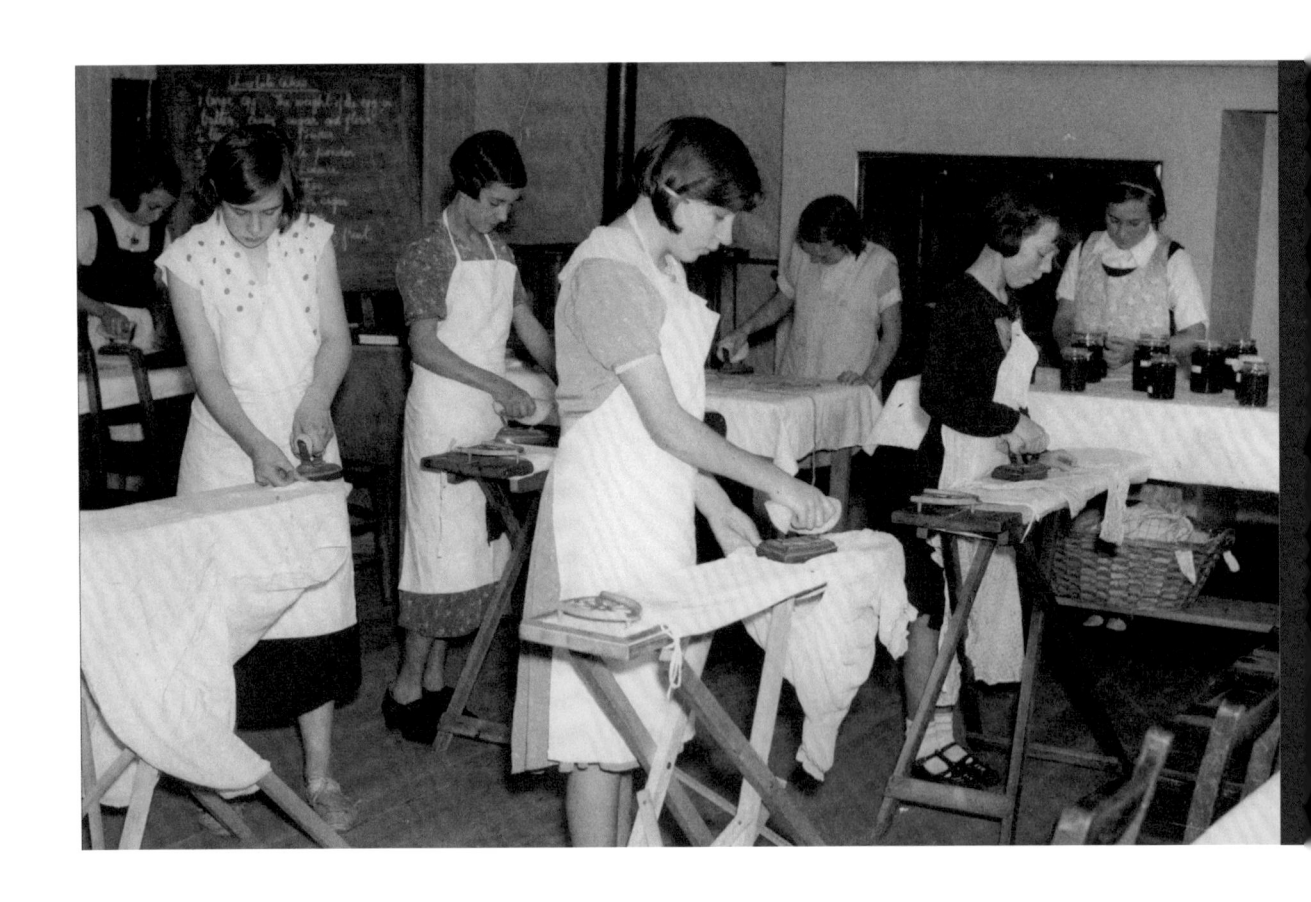

Herausgeberin: Pro Senectute Schweiz

Verlag: Zeitlupe-Verlag, Schulhausstrasse 55,
Postfach 2199, 8027 Zürich, Tel. 044 283 89 13,
www.zeitlupe.ch

3. Auflage, 2016

©2010 Zeitlupe, Zürich. Das Werk ist urheberrechtlich geschützt.

ISBN: 978-3-9523110-5-9

Wie das Buch entstand

Ältere Menschen verfügen nicht nur über reiche Lebenserfahrung, sie besitzen auch einen Schatz an wertvollen Erinnerungen. Um diese spannenden Geschichten vor dem Vergessen zu bewahren, müssen sie für die künftigen Generationen festgehalten werden. Auch der vierte Band von «Das waren noch Zeiten …» leistet dazu einen wichtigen Beitrag. Wiederum stehen dabei Zeitlupe-Leserinnen und -Leser im Mittelpunkt, die an ihre Kinder- und Jugendzeit zurückdenken und von anno dazumal erzählen. So erinnert sich etwa eine Leserin daran, wie sie als Schulmädchen ihrer Grossmutter beim Klöppeln zugeschaut hat, und ein Leser berichtet, wie es früher bei den Nagelschmieden zu- und hergegangen ist.
«Das waren noch Zeiten…» Band 4 ist ein stimmiger und gehaltvoller (Vor-)Lesestoff, der sehr persönliche Einblicke in die alten Zeiten erlaubt. Optisch überzeugt das Buch mit einzigartigen Fotos, die in den Archiven liebevoll zusammengetragen wurden. Alles in allem eine kurzweilige Lektüre, die sich für Jung und Alt eignet.

Inhalt

8 **Wo Puppen gesund wurden**
Ingeborg Trachsel erzählt über ihre Arbeit als Bäbidoktorin und ihre Puppenklinik.

10 **Ein Spitzenhandwerk**
Hedy Bachmann-Wyss erzählt, wie sie mit dem Handwerk des Spitzenklöppelns vertraut wurde.

12 **Der Mensch im Mittelpunkt**
Margot Heutschi berichtet von ihrer anspruchsvollen Arbeit als Krankenpflegerin FA SRK.

14 **Eine Frau für alle Fälle**
Julia Aeschlimann-Abegglen erinnert sich an ihre erste Zeit als Sekretärin.

16 **Die Vielfalt in der Drogerie**
Roberto Flatt erzählt, was ein Drogist früher alles beherrschen musste.

18 **Ein Polster fürs Leben**
Josef Steinmann über den vielseitigen Alltag eines Sattlers und Polsterers.

20 **Kleiner Lohn, grosse Hilfe**
Annemargrith Lüscher erinnert sich, wie ihre Mutter Schürzen in Heimarbeit nähte.

22 **Die Faszination des Singens**
Christine von Widmann erzählt, wie sie zur Opernsängerin ausgebildet wurde.

24 **Vom Kampf gegen Allergien**
Loni Pulfer-Weber berichtet, wie sie als Kind gegen ihre Polyallergie behandelt wurde.

26 **Taschentücher vom Feinsten**
Lina Bischofberger-Bänziger über die Arbeit der Handmaschinen-Stickerinnen und -Sticker.

28 **Leben in der Dorfschmitte**
Alice Gisler-Weidmann erzählt, wie sie mit ihrem Ehemann eine Schmiedewerkstatt geführt hat.

31 **Die Zeit als Störschneiderin**
Lydia Bucher erinnert sich an ihre Erlebnisse als Störschneiderin.

34 **Verkaufen mit Leib und Seele**
Susette Grimmer-Weil berichtet, wie es früher in einem Lebensmittelladen zu- und herging.

36 **Stricken mit der Maschine**
Rosi Zobrist erinnert sich, wie mit der Handstrickmaschine Strickwaren gefertigt wurden.

38 **Guter Geist im Hintergrund**
Annie Borgert-Tobler erinnert sich an ihre mühselige Zeit als Dienstmädchen.

40 **Als die Kühe den Pflug zogen**
Arthur Herzog berichtet, wie aufwendig es früher war, einen Hof zu bewirtschaften.

43 **Vom schwarzen Handwerk**
Hansruedi Jost erinnert sich, wie anstrengend das Kaminfeger-Handwerk einst war.

46 **Heuen in Handarbeit**
Margrit Buck-Stadler über die Mühen und Freuden der Heuernte.

48 **Im Tal der Nagler**
Emil Schraner erzählt von seiner Zeit als Nagelschmied.

51 **Wie bei Gotthelf selig**
Hedy und Hansjörg Bösch berichten, wie sie das Bürgerheim in Urnäsch geführt haben.

54 **Filigrane Knüpftechnik**
Lina Studer-Haldemann erinnert sich, wie sie in die Kunst von Frivolité eingeweiht wurde.

56 **Von der Kunst der Küferei**
Rita Bierschenk-Ackermann berichtet, wie ihr Vater als Fass- und Weissküfer gearbeitet hat.

59 **Drucksachen anno dazumal**
Reto Felix erzählt, wie er Schriftsetzer wurde und wie sich der Beruf inzwischen verändert hat.

62 **Mausarm, aber reich an Mäusen**
Georg Segessenmann erzählt, wie er als Knabe mit Mäusen zu etwas Taschengeld kam.

64 **Hutten und Körbe aller Art**
Rosy Joos-Jossi berichtet, wie sie als Kind die Kunst des Huttenmachens mitverfolgen durfte.

66 **Kostbares für die ganze Welt**
Alice Unternährer-Gemperli über die Herstellung von Spitzen mit der Schiffchenstickmaschine.

68 **Wie Arbeit zum Spiel wurde**
Annemargrith Lüscher erinnert sich, wie sie sich als Kinder nach getaner Arbeit vergnügten.

70 **Schreiben aus erster Hand**
Lys Wiedmer-Zingg erzählt, wie es als Journalistin und Bundeshauskorrespondentin früher war.

73 **Der Aufenthalt in der Fremde**
Elsbeth Vogel-Andres berichtet, wie ihr Welschlandaufenthalt zur Lebensschule wurde.

77 **Impressum/Bildnachweis**

Die Gespräche wurden aufgezeichnet von:

Veronica Bonilla-Gurzeler: Dorfschmied, Dienstmädchen, Polsterer/Sattler, Verkäuferin

Martin Hauzenberger: Puppenklinik

Annegret Honegger: Handstrickmaschine

Gallus Keel: Bürgerheim, Huttenmacher, Klöppeln, Nagelschmied

Martina Novak: Schriftsetzer

Susanne Stettler: Bauernbub, Drogist, Feldmauser, Heimarbeit, Heuernte, Krankenpflegerin FA SRK, Kinderspiele, Küfer, Störschneiderin, Kaminfeger, Welschlandaufenthalt

Usch Vollenwyder: Frivolité, Handstickmaschinen, Journalistin, Sekretärin, Opernsängerin, Polyallergie, Schiffchenstickmaschine

Wo Puppen gesund wurden

Ihre Ausbildung zur Bäbidoktorin absolvierte Ingeborg Trachsel in Deutschland. Als sie in die Schweiz zog und früh ihren Mann verlor, eröffnete sie ihre eigene Puppenklinik. Reich wurde sie damit nicht, hatte aber einen Riesenerfolg und stets viel Freude an ihrer Arbeit.

Ingeborg Trachsel
wurde 1930 als Ingeborg Banisch in Beuthen in Oberschlesien geboren, das seit dem Zweiten Weltkrieg in Polen liegt und heute Bytom heisst. Als sie 15 Jahre alt war, floh sie mit ihrer Familie nach Schleswig-Holstein und absolvierte eine Lehre in einer Puppenklinik. Dann zog sie in die Schweiz und heiratete einen Schweizer. Das Paar bekam zwei Töchter, doch der Mann starb früh. 1957 eröffnete Ingeborg Trachsel in Winterthur ihre eigene Puppenklinik. Heute ist sie Grossmutter von fünf Enkelkindern.

Eigentlich wollte ich ja Sängerin werden. Am Ende des Zweiten Weltkriegs musste ich als 15-Jährige mit meiner Familie nach Rendsburg in Schleswig-Holstein fliehen und begann dort Gesangsstunden zu nehmen. Das kostete Geld. Also bewarb ich mich bei der Puppenklinik im Ort. Dass ich bereits sehr geschickt im Nähen war, kam mir dort sehr zugute.

Wir stellten selbst Puppen her, ein wenig im Stil der berühmten Käthe-Kruse-Puppen. Dazu nähten wir Puppenkleider. Und wir flickten die damals gebräuchlichen Zelluloid- und Pappmaché-Puppen. Nach einiger Zeit erklärte mir meine Chefin, ich könne das so gut, dass sie mir nichts mehr beibringen müsse. Die Arbeit machte mir unglaublich viel Freude. Und auf dem halbstündigen Arbeitsweg, den ich zu Fuss zurücklegte, hatte ich genügend Zeit für Gesangsübungen. Mit der Zeit musste ich die Gesangsstunden allerdings aufgeben, weil ich in der Puppenklinik nicht genügend verdiente. Aber für mich sang ich noch immer ganze Opern. Die Orchestermusik hörte ich in meinem Kopf. Die kannte ich vom Radio, einen Plattenspieler hatten wir damals noch nicht.

Dann zog ich in die Schweiz und heiratete einen Schweizer. Wir bekamen zwei Töchter, doch leider starb mein Mann, als die Kinder erst zehn und zwölf Jahre alt waren, und als junge Witwe musste ich zur bescheidenen Rente etwas dazuverdienen. So eröffnete ich 1957 als Kleinunternehmerin in Winterthur meine eigene Puppenklinik. Eigentlich hatte ich davon geträumt, in Schaffhausen ein kleines, nostalgisches Lädeli zu führen, doch das hätte die Kinderbetreuung schwierig gemacht. Mit der Klinik zu Hause war das viel einfacher. Später zog ich dann nach Marthalen im Norden des Kantons Zürich.

Als die beiden Töchter ausflogen, war ich schon über fünfzig und hatte mit der Puppenklinik noch immer einen Riesenerfolg. Die Leute kamen sogar aus Italien und aus Deutschland – ohne dass ich Werbung machen musste. Und für Franz Carl Weber führte ich 35 Jahre lang einen Reparaturservice. Reich werden konnte ich mit meinem Beruf zwar nicht, aber glücklich und zufrieden sehr wohl. Und das ist viel wichtiger als viel Geld.

Mit der Zeit wurden auch die Medien auf meine Arbeit aufmerksam. Die Schweizer Familie war da, der Brückenbauer und der Tages-Anzeiger, die Schaffhauser Nachrichten, das Bülacher Tagblatt und der Landbote aus Winterthur. Solche Zeitungsberichte haben jeweils ungeheuer eingeschlagen. Einmal war ich für einige Tage abwesend, als ein Artikel erschien. Als ich nach Hause kam, standen vierzehn Pakete mit beschädigten Puppen vor meiner Türe und am nächsten Tag

> **Die Puppenklinik**
>
> Es gibt sie zwar auch heute noch, die Puppenkliniken, in denen lädierte Bäbis zu neuem Leben erweckt werden. Doch in den Zeiten der Wegwerfkultur und der elektronischen Spielmöglichkeiten sind sie selten geworden. In früheren Zeiten allerdings wurde ihre Kunst noch sehr geschätzt. Es wurden Puppen aus den verschiedensten Materialien repariert, und sie erhielten auch neue Kleider genäht. Hoch im Kurs standen vor allem die Kreationen von berühmten Puppenschöpferinnen wie der Deutschen Käthe Kruse oder der Schweizerin Sasha Morgenthaler, die so wertvoll waren, dass sich eine Investition zur Wiederherstellung einer beschädigten Puppe allemal lohnte. Dazu kümmern sich die Kliniken auch um Stofftiere aller Art, besonders um die legendären Teddybären. Diese Jugendgefährten geniessen oftmals selbst noch bei Erwachsenen als Kindheitserinnerungen einen so hohen Stellenwert, dass eine geschickte Teddy-Doktorin auch gleich einen Psychologen ersparen kann.

weitere dreizehn. Mit siebzig Jahren habe ich mich dann selbst pensioniert, und heute muss ich alle Bitten um Puppenheilungen abschlagen. Meine Finger sind immer noch in Ordnung, aber ich denke schon, dass ich mir jetzt ein wenig Ruhe verdient habe. Schliesslich bin ich auch noch stolze Grossmutter von fünf Enkeln, die ich so oft als möglich besuche.

Während meiner Zeit als Puppendoktorin hat sich die Spielwelt grundlegend verändert. Ich musste mich in diesen vielen Jahren ständig mit neuen Materialien und Formen auseinandersetzen. Ich bin immer neugierig geblieben. Ich bin befreundet mit der Leiterin eines grossen Spielwarengeschäfts in Schaffhausen, für das ich lange Zeit gearbeitet habe. Sie geht jedes Jahr an die Nürnberger Spielwarenmesse, wo die neusten Trends zu sehen sind, und informiert mich über Neuheiten. Dazu lese ich die Fachpresse. Aber die heutigen Kinder spielen kaum noch mit Puppen. Es gibt zu viel technische und elektronische Spielzeuge. Meine Töchter betreuten noch als 13-Jährige ihre Puppen mit viel Liebe. Aber das ist heute vorbei.

Ich habe übrigens nicht nur Puppen die fehlenden Arme, Beine, Köpfe und Augen wieder geschenkt. Auch ungezählten Teddybären und anderen Stofftieren habe ich zu neuem Leben und neuer Schönheit verholfen. Es war oft eine harte Arbeit, aber heute kann ich sagen: Mein Beruf hat mich gesund und glücklich erhalten.

Ein Spitzenhandwerk

Als Schulmädchen schaute Hedy Bachmann-Wyss sehr genau hin, wenn ihre Grossmutter Spitzen klöppelte. Heute meist nur noch ein schönes Hobby, war das Spitzenklöppeln damals für viele ein harter Broterwerb.

Hedy Bachmann-Wyss
wurde am 19. Februar 1936 in Hirzel ZH geboren. Sie wäre gerne Schneiderin geworden, aber da die beiden älteren Brüder bereits in einer teuren Lehre steckten, wurde ihr das verwehrt. Sie arbeitete, unterbrochen von einem interessanten Welschlandjahr, in einer Guetslifabrik. Später machte sie eine Anlehre als Locherin bei der Kreditanstalt in Zürich. Die Kleider für sich und die zwei Töchter schneiderte sie, «nicht zuletzt auch aus Trotz», fast alle selber. Hedy Bachmann-Wyss ist fünffache Grossmutter. Sie lebt mit ihrem Mann Max in Jona SG.

■ Ich sehe sie noch deutlich vor mir, meine Grossmutter, wie sie auf diesem Klöppelkissen hier, das sogar schon meine Urgrossmutter benutzte, Spitzen anfertigte. Als Elfjährige, 1947, habe ich sie am Mittwochnachmittag jeweils besucht. Von Zürich fuhr ich mit der Sihltalbahn nach Adliswil, wo sie bei einem Mann als Haushälterin arbeitete. Während sie selber für die Basler Webstube Spitzen am Meter herstellte, erklärte sie mir mit viel Geduld und Liebe, wie man beim Klöppeln kreuzt und dreht. Nach zwei Stunden hatte ich jeweils genug und ging, da das Haus nahe am Wasser stand, oft noch in der Sihl baden. Stolz zeigte ich zu Hause, was ich Neues gelernt und geklöppelt hatte. Damals als Schulmädchen schaffte ich nur schmale Spitzli, was jedoch schon anspruchsvoll war, weil die Vorlagen nur die Löchli für die Stecknadeln aufwiesen und noch keine Verbindungslinien eingetragen waren. Viele Jahre später, nachdem ich das Klöppeln wieder aufgenommen hatte, wagte ich mich auch an Sachen mit weit über fünfzig Klöppeln.

Bei meinen Besuchen in Adliswil erzählte meine Grossmutter dann und wann von früher. Geboren wurde sie 1885 in Wengen, sie war die Älteste von zehn Geschwistern – alles Mädchen! Je nach Alter mussten sie nach der Schule und vor dem Abendessen eine gewisse Länge Spitzen klöppeln. Im Berner Oberland wurde damals viel geklöppelt, vor allem für die reichen Engländer, die mit der Spitzenware ihre Tagwäsche verzierten. Nicht nur Mädchen mussten klöppeln, die Grossmutter erinnerte sich an Buben, die sich so den Konfirmandenanzug verdienen mussten. Für eine Bauernfamilie wie die der Grossmutter war dieses Handwerk eine wichtige Einnahmequelle.

Meine Grossmutter wurde mit 16 Jahren regelrecht verheiratet. Mit einem 45-Jährigen – es wurde keine glückliche Beziehung! Die beiden bewirtschafteten später einen Bauernhof im zürcherischen Hirzel. Als ihre fünf Söhne gross waren und sie Witwe geworden war, gab sie den Hof auf. Den Mann in Adliswil, bei dem sie Haushälterin wurde, hat sie schon bald geheiratet. Sie sagte später oft, dass danach ihre schönsten Jahre folgten. Mit 67 ist sie aber bereits gestorben.

Schon in der Zeit im Hirzel hat die Grossmutter viel am Klöppelkissen gearbeitet, mit Leinen, Seide und anderen Materialien. Damals hat man sogar die Oberleintücher mit Spitzen versehen, nebst all den Nastüechli, Deckeli, Läufern oder Tischdecken. Während des Kriegs war das Garn schwer zu erhalten und besonders kostbar. Mein Bruder hat einmal mit den Fäden und den Klöppeln ein heilloses Durcheinander angerichtet. Die Grossmutter war völlig verzweifelt und hat sogar geweint. Sie musste alles zurückarbeiten, es kostete sie viel Zeit, denn das geht nicht so einfach wie beim Stricken, wo man einfach die Nadel herausziehen kann.

Für die jeweils angelieferte Menge Rohmaterial musste sie dem Auftraggeber – etwa dem Heimatwerk – so und so viele Meter Spitzenware abliefern, sie konnte also das Pfuschwerk des Bruders nicht einfach wegwerfen. Noch oft hörte man sie klagen, obwohl sie uns alle gern hatte: «Das isch doch ganz en wüeschte Bueb gsi.»

Die Vielfalt des Klöppelns

Das Klöppeln hat seinen Ursprung wahrscheinlich in Italien. Erhalten sind Musterbücher aus dem 16. Jahrhundert. Die Klöppel sind eine Art Holzspindel, die paarweise am Klöppelkissen befestigt sind. Durch einen permanenten Wechsel von Drehen und Kreuzen der Fäden entstehen die Handklöppelspitzen. Im Extremfall sind Hunderte von Klöppeln im Einsatz. Gearbeitet wird meist auf einer auf dem Klöppelkissen (oder dem Klöppelbrett) befestigten Mustervorlage, dem Klöppelbrief, auf dem die Arbeit mit Stecknadeln fixiert wird, bis diese wieder herausgezogen werden, um das Werk abzunehmen. Verarbeitet werden vor allem Leinen-, Seiden- und Baumwollgarne. Es gibt sehr verschiedene Klöppeltechniken, so zum Beispiel Torchon, Schneeberger, Madeira, Cluny, Bandspitzen, Brügger Blumen. In der Schweiz ist es die Vereinigung Schweizerischer Spitzenmacherinnen, die sich ambitiös für dieses alte Handwerk einsetzt (Internet: www.vss-fds.ch).

Vor dreissig Jahren während Ferien in Lauterbrunnen liess ich mir von einer versierten Frau das Klöppeln ausführlich erklären, denn bei der Grossmutter hatte ich mich nur an Meterware versucht. So lernte ich auch, wie man Ecken und Zusammenschlüsse macht, und übte mich in den verschiedenen Techniken. Früher in Zürich und dann hier in Jona habe ich einige Frauen das schöne Handwerk gelehrt, ich habe sogar Kursunterlagen geschrieben. Ich besitze auch eine Sammlung von Klöppeln aus fünfzehn Ländern.

Heute sind es natürlich nur noch selten Nastücher oder Deckeli, die man mit Klöppelarbeiten verziert, es gibt moderne Anwendungen, zum Beispiel werden ganze Wandbilder gefertigt. Es ist beglückend, aus so vielen verschiedenen Fäden etwas ganz Persönliches zu schaffen. Auch wenn es kaum mehr als beruflicher Erwerb ausgeübt wird, stirbt das schöne Handwerk zum Glück nicht aus – nicht zuletzt dank der Vereinigung Schweizerischer Spitzenmacherinnen. Meine Töchter haben sich nie gross fürs Klöppeln interessiert. Aber eine Enkelin – sie ist 23 – möchte, dass ich es sie lehre. Vielleicht wird sie ihren Kindern einmal sagen können, auf ihrem Klöppelkissen habe schon die Urururgrossmutter Spitzen gefertigt.

Der Mensch im Mittelpunkt

Noch vor wenigen Jahrzehnten herrschten in Alters- und Pflegeheimen schwierige Zustände. Das Personal verfügte zwar über viel Hingabe, aber nur über eine sehr mangelhafte Ausrüstung. Margot Heutschi erinnert sich an ihre Arbeit als Krankenpflegerin FA SRK in den 1960er- und 1970er-Jahren.

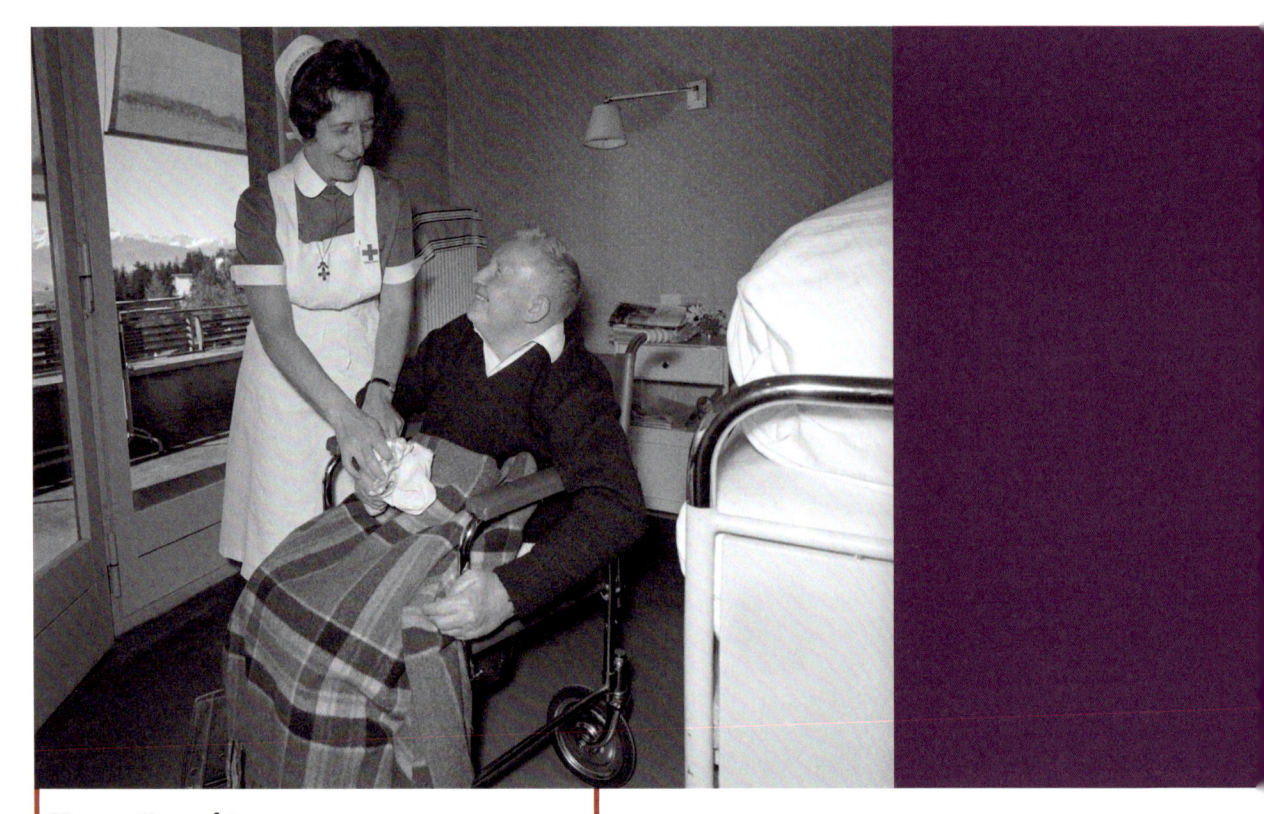

Margot Heutschi
wurde am 4. Dezember 1944 in Zürich geboren und wuchs mit zwei Brüdern auf. Nach der Haushaltslehre und einem Jahr in Brüssel begann sie 1964 die Ausbildung zur Krankenpflegerin FA SRK und übte den Beruf bis 2005 aus. 1972 bis 1994 setzte sie sich im Berufsverband für bessere Arbeitsbedingungen, Berufsanerkennung, Weiterbildung und Aufstiegsmöglichkeiten ein. 2005 bis zur Pensionierung erneute Tätigkeit für den Verband. 1992 heiratete sie, doch bereits 2002 wurde sie Witwe. Margot Heutschi wohnt in Oberdorf NW.

1964 trat ich die Ausbildung zur Krankenpflegerin FA SRK an. Das war ein Beruf, der ausschliesslich auf die Pflege von Menschen in Alters- und Pflegeheimen ausgerichtet war. Meine Lehre absolvierte ich im Krankenheim Gnadenthal in Niederwil AG, in der Nähe von Bremgarten. Heute heisst die Institution Reusspark.

Damals lagen die Bewohner der 3. Klasse in Mehrbettzimmern, die Bewohner der 2. Klasse in einem Zweibettzimmer, und in der 1. Klasse logierte im Haus meist nur eine Person. Viele Patientinnen und Patienten waren über 70 Jahre alt, litten an Demenz oder Polyarthritis oder waren wegen Hüftproblemen bettlägerig geworden. Es gab aber auch junge Bewohner, beispielsweise mit geistigen Behinderungen oder multipler Sklerose. Das Personal war nicht nur für die Pflege der Bewohnerinnen und Bewohner zuständig, sondern wir mussten auch das Geschirr abwaschen, putzen, Betten machen, Essen verteilen und Wunden verbinden. Wer von den Bewohnern noch helfen konnte, unterstützte uns beim Putzen oder Abwaschen. Später wurde das wegen der hygienischen Vorschriften verboten. Stattdessen gingen die Patienten zur Ergotherapie, was damals die meisten nicht gerne taten.

In den 1950er- und auch noch in den 1960er-Jahren liess die aufstrebende Medizintechnik das Sterben in den Spitälern nicht mehr zu, und so wurden alte und chronisch kranke Menschen von den Krankenhäusern in die Asyle oder Bürgerheime verlegt. Meist befanden sie sich in einem schlechten Allgemeinzustand, den Körper voller Druckgeschwüre. Die Hilfsmittel, die uns damals zur Verfügung standen, waren sehr bescheiden. So gab es kaum etwas gegen Inkontinenz, den unfreiwilligen Abgang von Harn und/oder Stuhl. Die Patienten lagen auf Lochbetten, unter denen sich eine Schublade befand, welche die Ausscheidungen auffing. Manche bettete man auf Gummiringe mit Boden, die ebenfalls als Auffangbecken dienten. Oder sie wurden in Leintücher gewickelt, damit sie eine Art Windeln trugen.

Neben Putzen und Abwaschen lag unsere Hauptaufgabe im Verbinden der vielen eitrigen und übel riechenden Geschwüre. Ständig wurden neue Kranke mit Blaulicht zu uns gebracht. Ihr Rücken war vom vielen Liegen manchmal eine einzige, schrecklich schmerzende Wunde. Oft starben diese Männer und Frauen bereits nach kurzer Zeit. Die Grenzen der Medizin waren tagtäglich spürbar in der Schmerzbekämpfung oder der Behandlung von Krankheiten. Immer wieder stand man als Pflegende hilflos den Kranken gegenüber und versuchte, mit ihnen das Leiden auszuhalten. Sterben gehörte zum Alltag.

Die Bettenzahl wurde dauernd erhöht, und so kam es, dass sich zwei diplomierte Schwestern und ein paar Hausangestellte um 50 bis 75 schwerstpflegebedürftige Menschen kümmern mussten. Wir arbeiteten zwölf Stunden täglich und hatten nur einen halben Tag pro Woche frei. Während der Nachtwache war man alleine für 300 Personen zuständig. Um fünf aufeinanderfolgende Freitage zu ergattern, schob man 30 Nächte hintereinander Nachtwache. Und wenn es einen personellen Ausfall gab, arbeitete man auch einmal 24 Stunden am Stück. Zudem wurden wir sehr schlecht bezahlt.

Trotz der langen Arbeitszeit und der vielen Arbeit fand man immer wieder Momente für die Menschen und konnte mit ihnen über ihre Sorgen sprechen. Damals stand noch der Patient im Mittelpunkt der Pflege. Unter dem Pflegepersonal gab es einen starken Zusammenhalt, weil alle aufeinander angewiesen waren. Wir wohnten auf dem Klinikgelände und sassen auch in der Freizeit zusammen. Wir waren jeweils so müde von der Arbeit, dass sich unsere Unternehmungslust in Grenzen hielt.

Mit der Zeit konnten Hilfsmittel wie Krankenheber angeschafft werden. Eine grosse Erleichterung, denn bis dahin trug ich trotz meiner 1,51 Meter Lasten bis zu 70 Kilo herum. Ich hatte viel Kraft, obwohl ich bei meiner Geburt nur 900 Gramm schwer gewesen und zum Sterben nach Hause geschickt worden war. Die Lochbetten wurden ebenfalls abgeschafft, und das Schönste war, dass dank unserer Bemühungen, fachmännischer Wundbehandlung, besseren Inkontinenzmaterials und gezielter Lagerung die Druckgeschwüre aus dem Alltag verschwanden.

1992 wurde der Beruf der Krankenpflegerin FA SRK abgeschafft. Heute, wo es immer mehr Alte und Pflegebedürftige gibt, wäre man aber wohl froh um Menschen mit einer breiten praktischen Ausbildung für die Langzeitpflege.

Von der Versorgung der Kranken

Die Krankenpflege ist im Christentum verwurzelt, denn dort zählt sie zu den sieben Werken der Barmherzigkeit. Entlang der Pilgerwege gab es an fast jeder Station ein Hospital für die Gläubigen. Mit den Kreuzzügen wurde die Lepra nach Europa eingeschleppt, worauf man für die Erkrankten besondere Hospitäler einrichtete. Dasselbe geschah im 14. Jahrhundert für die Pest-Patienten. Die Britin Florence Nightingale (1820–1910) gilt als Pionierin der modernen Krankenpflege. Als Gründer des Roten Kreuzes hatte auch der Schweizer Jean Henri Dunant (1828–1910) entscheidenden Einfluss auf die Versorgung von Kranken und Kriegsverletzten. Inzwischen wurde die Pflege immer mehr auf wissenschaftliche Grundlagen gestellt. Im Gegensatz zu den angelsächsischen Ländern ist das Fach der Pflegewissenschaften bei uns aber noch relativ neu.

Eine Frau für alle Fälle

1940 trat Julia Aeschlimann-Abegglen ihre erste Stelle als Sekretärin in einer Luzerner Tuchfabrik an. Ihre Arbeit ging weit über den Telefondienst und die Korrespondenz hinaus. Sie sprang überall ein, wo Not an der Frau war. Zum Beispiel auch, wenn im Betrieb ein Unfall passierte.

Julia Aeschlimann-Abegglen
wurde am 11. Februar 1921 in Thun geboren. Nach der Sekundarschule besuchte sie die Töchterhandelsschule in Bern und trat ihre erste Stelle als Sekretärin in einem kleinen Textilbetrieb an, bevor sie nach drei Jahren die Sekretariatsarbeiten in einem elektrochemischen Betrieb übernahm. Nach ihrer Hochzeit 1945 und der Geburt ihrer Tochter arbeitete sie aushilfsweise in verschiedenen Büros und Notariaten. 1992 zog sie mit ihrem Mann zusammen in eine Alterswohnung in Konolfingen, in der sie seit seinem Tod vor zwölf Jahren allein lebt.

Die Töchterhandelsschule in Bern – die THB – war damals etwas Besonderes. Sie bot eine gute kaufmännische Ausbildung: mit Buchhaltung, Stenografie, Maschinenschreiben und Korrespondenz. Tippmamsell wollte ich zwar keine werden; aber ich hoffte, nach dieser soliden Grundausbildung die Matura machen und an der Universität Psychologie studieren zu können.

Doch es waren die Kriegsjahre – und es kam alles ganz anders, als ich es mir vorgestellt hatte! Schon während der Ausbildung wurden wir von Unternehmen umworben. Überall waren die Männer im Aktivdienst, Stellen waren damals zuhauf zu haben. Mich engagierte die Mutter eines Tuchfabrikanten aus dem Luzernischen – direkt von der Schulbank weg! Sie fragte den Schuldirektor nach einer Arbeitskraft, die sich vielseitig einsetzen liesse und die selbstständig arbeiten könne. Das gefiel mir – Herausforderungen bin ich nie ausgewichen!

So wurde ich das «Kreft-Fräulein». «Kreft» war der Name der Textilfabrik. Sie stellte ausschliesslich feldgraues Tuch für Militäruniformen her. Als Sekretärin arbeitete ich im gleichen Büro wie der Chef, unsere Schreibtische standen einander gegenüber. Auf meinem Pult hatte es zudem ein Telefon. Daneben musste ich die Korrespondenz erledigen. Obwohl gelernt, brauchte ich meine Stenografiekenntnisse nicht: Der Chef vis-à-vis sagte mir in kurzen Worten, was in jedem Brief stehen sollte. Nach seinen Angaben machte ich mit Bleistift auf Notizpapier ein sogenanntes «Brouillon».

Diesen Entwurf gab ich zurück zum Korrigieren, schrieb den Brief anschliessend mit der mechanischen Schreibmaschine und reichte ihn dem Chef zur Unterschrift. Die Arbeit war nicht sehr anspruchsvoll: In einem kleinen Betrieb, der nur eine Sorte Tuch herstellte, wiederholten sich mit der Zeit Telefongespräche und Korrespondenz. Wenn der Weber- oder der Spinnermeister im Dienst waren, ging ich deshalb durch die Fabrik, achtete auf die Arbeiten und redete mit den Arbeitern. Mir war es wichtig, dass der Betrieb reibungslos weiterlief.

Mein letztes Ausbildungsjahr an der Töchterhandelsschule war auf das erste Kriegsjahr gefallen. Ich erinnere mich noch genau, wie der Direktor zu uns gesagt hat: «Bildet euch in eurer Freizeit weiter, besucht Krankenpflege- und Samariterkurse. Was dieser Hitler mit uns noch im Sinn hat, wissen wir nicht.» Ich war zwar ein aufmüpfiges junges Mädchen, aber das hatte mir eingeleuchtet, und ich hatte die verschiedensten Kurse besucht. Das kam mir nun zugute.

Eines Morgens telefonierte mir der Chef von seinem Wohnhaus aus ins Büro: Seine Frau sei in den Wehen und die Hebamme noch nicht gekommen – ob ich nicht schnell rüberkommen könne? Der junge Vater hatte völlig den Kopf verloren und verschwand nach meiner Ankunft sofort in den Betrieb. So half ich der Hebamme und der kleinen Erdenbürgerin auf die Welt! Auch wenn in der Fabrik ein Unfall passierte, wurden die Patienten immer zuerst zu mir geschickt.

> ### Die gute Seele des Unternehmens
> Sie liess sich vom Chef zum Diktat bitten, beherrschte die Stenografie, schaffte blindlings das Zehnfingersystem und bediente stets freundlich das Telefon: Die Sekretärin galt als gute Seele eines Unternehmens ebenso wie als gefürchtete Vorzimmerdame, die möglichst alle Unannehmlichkeiten und Probleme von ihrem Vorgesetzten fernhielt. Der Beruf wird zwar auch heute noch hauptsächlich von Frauen ausgeübt, hat sich aber vor allem mit der Einführung der EDV sehr verändert. Die herkömmliche Sekretärin, die vor allem allgemeine Büroarbeiten erledigt, gibt es immer noch in bestimmten Verwaltungsabteilungen, Verbänden und traditionellen Unternehmen. In international ausgerichteten Firmen sind heutige Assistentinnen oder Office Managerinnen in der Regel hoch qualifizierte Mitarbeiterinnen. Kommunikative und soziale Kompetenzen, EDV-Kenntnisse und Fremdsprachen, betriebswirtschaftliches Basiswissen und die Fähigkeit zu eigenverantwortlichem Arbeiten gehören zum Anforderungsprofil.

Nach drei Jahren suchte ich eine Stelle wieder näher bei meinem Elternhaus. Ich fand eine Arbeit in einem überschaubaren elektrochemischen Betrieb im Simmental. Dort hatte ich neben den allgemeinen Sekretariatsarbeiten alle zwei Wochen mit dem Buchhalter zusammen die Löhne für die gegen hundert Mitarbeitenden zu machen: Zuerst rechneten wir mit der Rechnungsmaschine für jeden Arbeiter den exakten Lohn aus. Die Resultate übertrugen wir auf die Lohnliste – von Hand natürlich. Der Lohn wurde jedem Mitarbeiter in ein Papiertäschchen gesteckt. Doch zuvor musste man die gesamte Lohnsumme ausrechnen und bei der Bank die nötigen Noten bestellen: 157 Hunderternoten, 138 Fünfzigernoten, so und so viele Zwanziger- und Zehnernoten. Auch eine exakte Liste mit den benötigten Münzen musste zusammengestellt werden.

Die abgezählten Noten und Münzen wurden von der Bank geliefert. Wie dieser Transport vor sich ging – daran erinnere ich mich nicht mehr. Aber ich weiss noch, wie der Buchhalter und ich jeweils unglaublich viel Geld vor uns hatten und Lohntäschchen um Lohntäschchen mit dem genau ausgerechneten Betrag abfüllten. Wir wussten: Am Schluss musste es aufgehen; es durfte keine Note zu viel und keine Münze zu wenig sein. Die Rechnung ging jedes Mal auf!

Die Vielfalt in der Drogerie

Roberto Flatt kommt aus einer Drogistenfamilie. In dritter Generation führte er bis vor ein paar Jahren gemeinsam mit seiner Frau den Familienbetrieb. Seit den 1950er-Jahren, als er in der Drogerie «aufwuchs», hat sich viel verändert.

Roberto Flatt

wurde am 2. September 1946 in Wangen an der Aare BE geboren, wo er mit zwei Brüdern aufwuchs. Nach der Schule absolvierte er von 1963 bis 1967 die Drogistenlehre und 1970/71 die Ausbildung zum eidg. dipl. Drogisten. In Davos wurde er Geschäftsführer der ersten Dropa-Drogerie der Schweiz. 1978 Heirat mit Therese Köstinger und Übernahme der elterlichen Drogerie in Wangen. 2007 Tod von Ehefrau Therese, 2008 Verkauf der beiden Drogerien in Wangen und Egerkingen SO sowie der Weinhandlung in Wangen. Roberto Flatt hat zwei Söhne und eine Enkelin.

Mein Grossvater Karl Flatt-Kunz war Ingenieur ETH, doch in den Krisenjahren hatte er keine Arbeit mehr und musste den Beruf wechseln. So liess er sich in Deutschland zum Drogisten umschulen und eröffnete dann in Willisau LU eine Drogerie. In der streng katholischen Luzerner Gemeinde hatte er als reformierter Zürcher – er stammte aus Thalwil – allerdings keinen geschäftlichen Erfolg, sodass er sein Geschäft 1923 nach Wangen an der Aare BE verlegte.

Meine Eltern Carl und Dory Flatt-Oehrli, die sich an der Schweizerischen Drogistenschule in Neuenburg kennengelernt hatten, mussten den Betrieb nach Grossvaters frühem Tod bereits 1934 übernehmen. So wurde ich 1946 quasi in die Drogerie hineingeboren.

Damals allerdings glich eine Drogerie mehr einem Gemischtwarenladen als dem Spezialgeschäft, das wir heutzutage kennen. Zu Zeiten meines Grossvaters und Vaters war der Verkauf von Lebensmitteln ganz selbstverständlich, denn für eine Drogerie auf dem Lande reichte das Stadtsortiment nicht aus. Zudem wurden Gewürze, aber auch Chemikalien feilgeboten. Alles im Offenverkauf. Kölnischwasser, Schnaps, Rum und Cognac gabs ebenfalls im Offenverkauf. Die Behörden dachten wohl, dass Drogisten Alkoholmissbrauch nicht unterstützen würden, weshalb Drogerien leichter ein Alkoholpatent erhielten.

Oft verfügten Drogerien zudem über einen Foto- und/oder Farbenshop. Auch Tierheilmittel und Gartenartikel gehörten zum Sortiment. Inzwischen sind diese Produkte jedoch in die entsprechenden Fachgeschäfte «abgewandert». 1976 wurde in der Drogerie Flatt das Lebensmittelsortiment abgeschafft, dafür wurde zusätzlich eine Reformabteilung für gesunde Ernährung und Diät eingerichtet. Gleichzeitig schlossen wir uns der Dropa-Drogeriekette an. Als meine Frau Therese und ich anno 1978 nach dem Tod meiner Eltern die Drogerie übernahmen, optimierten wir den kurz zuvor modernisierten Betrieb, strafften die Sortimente und bauten ihn Schritt für Schritt zum «Fachgeschäft für Gesundheit und Schönheit» um. Als gelernte Arzthelferin und Absolventin der Reform-Fachakademie in Deutschland kümmerte sich meine Frau vor allem um die Reformabteilung, später um den Schönheitsbereich, während ich für die Gesamtleitung der zwei Drogerien mit total zirka 20 Mitarbeitenden zuständig war.

Der Beruf des Drogisten ist sehr breit gefächert, man muss auf vielen Gebieten Bescheid wissen. Wir stellten früher eigene Salben her, etwa Kampfersalbe gegen Erkältungen und Arnikasalbe für die Wundheilung, ebenso eigene Tabletten und Tropfen gegen viele Leiden, etwa gegen Rheuma oder für die Verdauung. Sogar hauseigene Bodenwichse und Fleckenmittel gab es. Zudem verkauften wir Benzin, Säuren, Laugen, Lösungsmittel, Fleckenwasser, Putzmittel und füllten leere Behälter nach, was man heute nicht mehr tut.

Doch nicht nur unsere Geschäfte und das Sortiment veränderten sich, sondern auch die Kunden. Zu Zeiten meiner Eltern war es selbstverständlich, dass man die Frau des Waffenplatzkommandanten mit «Frau Oberst» ansprach und die Gattin des Gerichtspräsidenten mit

---

Anspruchsvolle Ausbildung

Nicht nur der Apotheker verfügt über ein breites Wissen, sondern auch der Drogist. Während der vierjährigen Lehre zum Drogisten EFZ (eidg. Fähigkeitszeugnis) werden Chemie, Pharmakologie, Heilpflanzenkunde, Botanik, Laboranalyse, Präparateherstellung, Kosmetik, Ernährungslehre, Ökologie, Sachpflege, Schädlingsbekämpfung, Chemikalienrecht, Deutsch, Französisch, kaufmännisches Rechnen, Korrespondenz, Buchhaltung sowie Betriebs- und Verkaufskunde unterrichtet. Bei der zweijährigen Weiterbildung zum eidg. dipl. Drogisten HF (Höhere Fachschule) – die zum Führen einer eigenen Drogerie berechtigt – ist der Lehrplan ebenfalls anspruchsvoll: (Bio-)Chemie, Pharmakologie, Phytotherapie, Homöopathie, Spagyrik, Pathologie, Parasitologie, Genetik, Ernährungslehre, Ökologie, Unternehmensführung, Buchhaltung, Wirtschaft, Kommunikation, Mitarbeiterführung.

«Frau Präsident». In einem Geschäft auf dem Land ist es noch heute enorm wichtig, die Namen der Kunden zu kennen. Weil ich aber ein so schlechtes Namensgedächtnis habe, schrieb ich mir die Merkmale und den Namen der Leute auf, damit ich sie beim nächsten Mal wieder erkannte und richtig ansprach.

Manche Kunden kamen Tag für Tag wegen irgendeiner Kleinigkeit. Wir nahmen uns immer Zeit für sie und offerierten ihnen an unserer Teebar einen Tee, denn sie besuchten uns hauptsächlich, um Gesellschaft zu haben. Ein Kunde erschien jedes Jahr am 24. Dezember eine Viertelstunde vor Ladenschluss und erwarb ein Fläschchen Chanel No. 5. Damit er nie leer ausging, reservierte ich das Parfüm jeweils für ihn.

Als junger Mann hatte ich mir zwar vorgenommen, nie wie mein Vater mit meiner Frau zusammenzuarbeiten. Doch heute bin ich überaus froh, dass es sich doch so gefügt hat. Therese und ich ergänzten uns perfekt. Schlussendlich besassen wir neben der Drogerie in Wangen eine Filiale in Egerkingen SO, eine Weinhandlung in Wangen sowie die «Wellness Tours», welche Kundenreisen, Badekuren in Scuol GR, Entspannungsreisen nach Nordafrika oder Weinreisen anbot.

2007 starb meine Frau an Leukämie. Ein herber Schlag. 2008 verkaufte ich unsere Geschäfte nach einer fünfjährigen Übergangszeit. Seither halte ich mich oft in meiner zweiten Heimat Marokko auf.

Ein Polster fürs Leben

Hosengürtel nähen für die Polizei, Polstersitze 2. Klasse anfertigen für die SBB oder Sofas neu beziehen für Opernaufführungen – Josef Steinmanns Berufsalltag als Sattler und Polsterer war vielseitig. Dass er für sein Geschäft keinen Nachfolger fand, war nicht leicht zu verdauen.

Josef Steinmann

wurde am 12. August 1937 in Ettiswil LU als drittes von sechs Kindern einer Bauernfamilie geboren. Er machte eine vierjährige Sattler-Lehre im Heimatdorf, liess sich aber schliesslich in Zürich nieder, wo er 1962 heiratete. Josef Steinmann hat einen Sohn und eine Tochter sowie zwei Enkelkinder. Seit 18 Jahren leidet der Pensionär an Parkinson und lebt heute in einem Altersheim in Zürich-Altstetten, um seine Frau zu entlasten und im Hinblick auf den Tod das schrittweise Loslösen voneinander anzugehen, wie er sagt. Im Altersheim gefällt es ihm «irrsinnig gut».

■ Mein Start ins Berufsleben war alles andere als glücklich, der Lehrmeister hat mich schikaniert, wo er konnte. Er liess mich noch im 4. Lehrjahr nur die «Drecksbüez» machen, zahlte mir statt 140 Franken Lohn nur 70 Franken, und auch an die vertraglich festgelegte 48-Stunden-Woche hielt er sich nicht, ich arbeitete regelmässig 63 Stunden. Mein Vater meinte nur, das sei halt wie in der RS, «muesch unde dure», und brummte mir noch mehr Arbeit auf. Im Sommer musste ich für ihn um viertel vor fünf raus «ga grase». Meine Rettung in dieser Zeit waren die Tiere, vor allem mein wunderbarer Berner Sennenhund Rigo von der Landgard, mit dem ich sogar Preise gewonnen habe.

Anfang des vierten Lehrjahrs hatte ich genug. Ich fuhr mit dem Velo 30 Kilometer nach Luzern aufs Lehrlingsamt. Doch nach einem Gespräch mit meinem Lehrmeister sagte mir der Beamte, er könne mir keinen Glauben schenken. Da brach ich in Tränen aus, worauf der Lehrmeister meinte, so einen könne er nicht brauchen, ich solle gehen. Dank der Vermittlung des Lehrlingsamts konnte ich die Lehre bei einem alten «Mandli» im Entlebuch fortsetzen und lernte dann doch noch etwas, sodass ich 1956 mit der Note 4,9 abschloss. Danach wollte ich meinen Beruf an den Nagel hängen, mein Selbstvertrauen war am Boden. Ein Sattler aus dem Nachbardorf überredete mich jedoch, für drei Monate zu ihm als Aushilfe zu kommen – und dort verlor ich meine Hemmungen. Ein Glück.

Nun wollte ich aber weg und möglichst viele Erfahrungen sammeln. Ich fand eine Stelle in Buchs, danach ging ich nach Aarau und Winterthur, landete 1960 schliesslich bei der SBB-Werkstätte in Zürich. Der Vater war jetzt mächtig stolz auf mich und erzählte überall herum: «Der Sepp hat eine Lebensstelle bei den SBB in Zürich.» Ja, ich hatte einen guten Lohn, 640 Franken – Sattler verdienten sonst etwa so schlecht wie Coiffeure –, ich konnte fast gratis mit der Eisenbahn in ganz Europa herumreisen. Ich war am Nordkap, in Prag, Paris, Ungarn, der Türkei und vielen anderen Orten. Und ich hatte geheiratet und zwei Kinder bekommen.

Weil ich an manchen Feierabenden zusätzlich kleinere Sattleraufträge erledigte, konnte ich mir schliesslich sogar einen VW-Käfer leisten. Doch nach neun Jahren hatte ich genug von der immer gleichen, langweiligen Tätigkeit bei den SBB. Die Arbeit war total eintönig. Monatelang tat ich nichts anderes, als das Material für Sitze der 2. Klasse zu schneiden, genäht hat ein anderer, bezogen ebenfalls. In meinen besten Jahren nur noch auf die Pension zu warten, widerstrebte mir aber. Ich fand eine neue Stelle in der Requisiten-Werkstätte des Zürcher Opernhauses, jeden Tag gabs etwas anderes zu tun, etwa ein Sofa rot zu beziehen für den «Nabucco». Der Nachteil war das «Kastensystem», das dort herrschte. Die jüngeren Angestellten mussten die Arbeit erledigen, die altgedienten führten sich auf wie Herren. Das passte mir nicht. Ich wechselte ins Zeughaus, wo ich wieder mehrheitlich Leder verarbeitete.

Leider herrschte hier das gleiche «Kastensystem» wie im Opernhaus. Mir war klar, dass ich etwas ändern musste. Getreu meinem Prinzip, immer etwas mehr zu

> ### Sattler, Polsterer, Innendekorateur
> Der Sattler ist ein Beruf des Leder verarbeitenden Gewerbes, der viel handwerkliches Geschick und Gespür für Formen, Farben und Gestaltung erfordert. Mit seinem Sattlerwerkzeug – Sattlerhammer, Halbmondmesser, Rundahle, Kantenzieher und Rundnadel – fertigte er Sättel, Zaumzeug, Kummet und Fahrgeschirr für die Landwirtschaft, für private Pferdebesitzer oder für die Armee an, aber auch Sitzpolsterungen für Kutschen, lederne Verdecke, Reisekoffer oder Ledergürtel. Früher gehörte fast zu jeder grösseren Siedlung eine Sattlerei. Als das Auto als Transportmittel erfunden wurde und vor allem mit der Motorisierung der Landwirtschaft in den 50er-Jahren verschwand der Beruf fast vollständig. Die übrig gebliebenen Sattler spezialisierten sich auf Sitzpolsterungen und Raumausstattungen. Sie wurden Polsterer, Innendekorateure oder Autosattler.

tun als die anderen, entschied ich, die Meisterprüfung zu machen, die ich 1978 bestand. An der Migros-Klubschule bereitete ich mich mit Kursen über kaufmännische Grundausbildung oder die Gründung eines Kleinunternehmens auf die Selbstständigkeit vor. Und 1983 eröffnete ich am Feldblumenweg in Zürich-Altstetten mein eigenes Sattler-Polsterer-Geschäft.

Arbeit hatte ich von Anfang an genug. Wenn die Leute im Quartier umzogen, verlegte ich ihre Teppiche, ich nähte für die Polizei Hosengürtel, frischte Matratzen auf, bezog antike Polstermöbel, erledigte Autosattlerarbeiten, fertigte Reitsportartikel und vieles andere an. Lehrlinge auszubilden, war meine Passion, insgesamt sieben «Stifte» hatte ich. Angestellte wollte ich keine – ich liebte es, für alles selbst verantwortlich zu sein: von der Beratung über das Ausmessen und Anfertigen bis zur Rechnungsstellung. Für mich war es die schönste und vielseitigste Arbeit, die es gibt. Ich konnte mit Leder, Holz, Stoff oder Schaumstoff arbeiten – und musste keine Stunde am Computer sitzen.

Leider ist die Sattlerei ein aussterbendes Gewerbe. Trotz intensiver Bemühungen habe ich niemanden gefunden, der mein Geschäft weiterführen wollte, obwohl ich meinem Nachfolger das ganze Inventar gratis überlassen hätte. Traurig, aber wahr: Ausser ein paar Werkzeugen, die bei meiner Tochter im Keller lagern, landete bei der Betriebsauflösung vor rund drei Jahren alles im Abfall.

Kleiner Lohn, grosse Hilfe

Als kleines Mädchen sass Annemargrith Lüscher stundenlang neben ihrer Mutter, als diese in Heimarbeit Schürzen nähte. Eine beschwerliche Arbeit, die schlecht entlöhnt wurde. Trotzdem leistete das derart verdiente Geld einen wichtigen Beitrag zur Ernährung der Familie.

Annemargrith Lüscher
wurde im Jahr 1933 geboren und wuchs zusammen mit einem acht Jahre älteren Bruder und einer zwölf Jahre älteren Schwester im Aargau auf. Der Vater war ursprünglich Bäcker/Konditor und später Eierhändler. Nach der Schule folgte die Ausbildung zur Kindergärtnerin in Bern. Danach arbeitete sie an verschiedenen Orten, bevor sie jahrzehntelang in Zürich als Kindergärtnerin wirkte. Heute lebt sie wieder im Aargau.

Eigentlich war meine Mutter Coiffeuse, was in den 1920er- und 1930er-Jahren für eine Frau ein wahrlich aussergewöhnlicher Beruf war. Die Ausbildung hatte sie in La Chaux-de-Fonds gemacht, wo sich ihr Gelegenheit bot, wohlhabende Ehefrauen von Uhrenfabrikanten in deren Heim zu frisieren. Sie beherrschte auch das Handwerk des Perückenknüpfens.

Darüber hinaus verfügte sie über eine Begabung als Näherin. Wie wertvoll dieses Talent war, zeigte sich, als mein Vater – ein gelernter Bäcker/Konditor – eine Zeit lang nicht in der Lage war, für ein volles Einkommen zu sorgen. In dieser Zeit nahm Mutter als Übergangslösung Heimarbeit an. Sie nähte weisse Schürzen, wie sie damals auf dem Land von allen Frauen getragen wurden, auch von den Schulmädchen. In der Regel besassen die Frauen Küchenschürzen und solche zum Ausgehen beziehungsweise zum Einkaufen, welche über aufgenähte Taschen verfügten, worin sich Taschentuch, Geld und «Poschtizettel» verstauen liessen.

Meine Mutter fertigte nur Schürzen für Erwachsene an. Diese wurden zugeschnitten ins Haus geliefert. Mutter hatte das abgerundete Unterteil oder sogar die ganze Schürze am Rand mit Volants zu versehen. Das erforderte eine enorme Länge an Stoffstreifen, die erst gesäumt, dann «angezügelt» werden mussten, um schliesslich als hübsche Rüsche gleichmässig verteilt auf die Schürze gesteppt werden zu können. Das Verteilen der Rüschen verlangte viel Geschick, Fingerspitzengefühl und Geduld.

Ich ging damals noch nicht zur Schule und wuchs quasi als Einzelkind auf, weil meine Geschwister acht beziehungsweise zwölf Jahre älter waren und die Schule besuchten oder bereits eine Lehre machten. Also sass ich oft und gerne bei Mutter, wenn sie arbeitete. Ich hockte mich auf den Boden, und sie überliess es mir, die am Ende zugespitzt abgenähten Schürzenbändel mithilfe eines Lineals von der linken auf die rechte Seite umzudrehen. Ich empfand das keineswegs als Arbeit oder Pflicht, sondern war still vergnügt, bei Mutter sitzen und ihr helfen zu dürfen. Mutter war stets etwas in Sorge, ich könnte – während sie konzentriert arbeitend die Nähmaschine rattern liess – aus Versehen ins Schwungrad greifen und mich verletzen. Deshalb ermahnte sie mich immer wieder: «Gäll, du längsch ja nie is grosse Rad mit de Händli.» Worauf ich von Helferwille beseelter kleiner Knopf jeweils fast ein wenig beleidigt entgegnete: «Nei, nei, du muesch kei Angscht ha, das mach ich doch nöd.»

Das gusseiserne grosse Schwungrad mit dem die Kraft übertragenden Lederriemen trieb die Nähmaschine an, indem man ein ebenfalls gusseisernes Tretbrett auf und ab trat, das durch einen beweglichen Hebel mit dem Schwungrad verbunden war. Bei schnellem Arbeiten ratterte dieses unheimlich – ein Geräusch, das ich wie die Ermahnung meiner Mutter, nur ja auf meine Hände aufzupassen, in lebhafter Erinnerung habe.

Beschämend war das kleine Entgelt, das Mutter für ihre «Büez» erhielt. Eine Schürze, die nur unten mit einem Volant versehen war, brachte 30 Rappen pro Stück; Schürzen, an die sie ringsherum Rüschen genäht

Zubrot für viele Familien

Bereits im ausgehenden Spätmittelalter war Heimarbeit bekannt. Sie entstand teilweise aus der bäuerlichen Eigenfabrikation, teilweise aus dem städtisch-zünftigen Handwerk. Im Jahr 1850 waren nicht weniger als 75 Prozent der rund 200 000 Erwerbstätigen in der Schweiz Heimarbeiter, 1880 noch gut die Hälfte und anno 1900 ungefähr ein Drittel. Seit Mitte des 20. Jahrhunderts spielte die Heimarbeit kaum noch eine Rolle. Eine Ausnahme bildete die Kleider- und Wäschekonfektion. Gleichzeitig mit dem fast völligen Verschwinden der Heimarbeit ging die verbliebene Heimarbeit meist auf ungelernte, verheiratete Frauen in entlegenen Regionen über, die schlecht bezahlt wurden. 1940 erliess der Bund ein Heimarbeitsgesetz, das Schutzmassnahmen vorsah und dem Bundesrat erlaubte, Mindestlöhne festzusetzen. 1981 schliesslich trat ein neues, verbessertes Heimarbeitsgesetz in Kraft. Dank der neuen Kommunikationstechnologien hat die Heimarbeit inzwischen wieder einen Aufschwung erlebt. Heute sind dies vor allem Tätigkeiten an Telefon oder Computer, wie etwa Telefonverkauf, Umfragen, Sekretariatsarbeiten, Datenerfassung oder Programmierung.

hatte, 50 Rappen. Dabei steckten viel Arbeit und Zeit in jedem Stück, weil die vielen Meter Rüschen zuerst Vorbereitung verlangten, bevor sie an die Schürzen genäht werden konnten. Zusätzlich musste ja fürs Taschentuch auch noch eine Tasche daraufgenäht werden. Und doch war Mutters bescheidener Zustupf zum Verdienst meines Vaters eine grosse Hilfe, die uns beispielsweise ermöglichte, Brot zu kaufen.

In den 40er-Jahren nahm auch meine Schwägerin Heimarbeit an. Sie nähte allerdings keine Schürzen, sondern rollierte Taschentücher und Foulards, damit sie nicht ausfransten. Dies geschah, indem man die Ränder einrollte und danach annähte. Dabei galt es sehr genau darauf zu achten, dass man gleichmässig arbeitete. Meine Schwägerin wurde etwas besser bezahlt als meine Mutter, aber viel verdiente auch sie nicht. Ich glaube, sie erhielt für ein Foulard 1.20 Franken.

Nach einiger Zeit konnte meine Mutter die Heimarbeit wieder aufgeben. Mein Vater hatte mit ihrer tatkräftigen Unterstützung ein Eier- und Confiserie-Geschäft aufgebaut, welches die Familie nun ernährte.

Die Faszination des Singens

Sie war Madame Butterfly und Nedda, die Walzerkönigin und auch die Csardasfürstin. Die gebürtige Wienerin Christine von Widmann sang Opern, Operetten und Musicals und fühlte sich auf allen grossen Bühnen zu Hause.

Christine von Widmann

wurde am 13. Februar 1925 in Wien geboren und verbrachte ihre gesamte Kinder- und Jugendzeit in einem Armenhaus. Dort fiel sie ihrer Sopranstimme wegen auf und bekam einen Freiplatz an der Hochschule für Musik, wo sie zur klassischen Sängerin ausgebildet wurde. Sie bekam Engagements und Gastauftritte an grossen Opernhäusern in Europa und Amerika. Noch immer unterrichtet sie Privatschüler in ihrem Berner Studio. Ihr Leben hat Christine von Widmann in ihrem kürzlich erschienenen Buch «Glück und Tragik einer grossen Stimme» festgehalten.

■ Meine Kinderzeit verbrachte ich in einem Armenhaus von Wien. Wenn ich am Morgen im Schlafsaal sauber machen musste, tönte manchmal aus einem Grammofon Musik. Mit meiner hellen Stimme sang ich die Melodien nach – darunter auch das Lied: «Ob blond, ob braun, ich liebe alle Frau'n!» An einem Weihnachtstag trug ich diese Melodie von Robert Stolz einer ganzen Gästeschar vor. Man war begeistert von meiner Sopranstimme.

Dieses Lied wollte ich auch an der Aufnahmeprüfung in die Wiener Hochschule für Musik singen. Doch meine zukünftige Gesangslehrerin, die Wiener Professorin Singer-Burian, lachte: Damit könne ich an keine Prüfung gehen! Sie übte mit mir das «Heidenröslein» von Franz Schubert ein – und ich bekam einen Freiplatz! Arm und ständig hungrig, wie ich war, hätte ich das Schulgeld nie auftreiben können.

Die Ausbildung war streng. Der Tag begann um acht Uhr mit zwei Theoriestunden bei einem Professor. Ich fürchtete ihn sehr und setzte mich immer in die hinterste Bank, um ja nicht aufzufallen. Um zehn Uhr begann die Gesangsstunde bei Frau Singer-Burian, «Singer Mutter», wie sie von allen nur genannt wurde. Danach musste ich sitzen bleiben und zuhören. Auch durchs Zuhören könne man lernen, sagte Singer Mutter, und zwar von guten wie von schlechten Schülern.

Um zwei Uhr war der Unterricht zu Ende, und ich durfte Singer Mutter durch den Stadtpark nach Hause begleiten. Das waren wunderbare Erlebnisse – sie war ein grossartiger Mensch! Danach begann die Arbeit; ich brauchte ja Geld zum Überleben. Ich nähte und bügelte für andere Frauen, und am Samstag konnte ich in einem Coiffeursalon arbeiten und Männer rasieren. Das war richtig ein Renner! Die Männer standen Schlange und wollten vom Flamingo, wie ich wegen meines rosa Friseurmantels genannt wurde, rasiert werden.

Nach zwei Jahren Theorie und Gesangsstunden begann zusätzlich der dramatische Unterricht. Als Opernsängerin genügt es nämlich nicht, unbeweglich auf der Bühne zu stehen und seine schöne Stimme erklingen zu lassen! Man muss eine Rolle auch spielen können. Nach weiteren zwei Jahren verliess ich die Hochschule für Musik. Ich hatte alles gelernt, was damals möglich war. Nun musste ich Geld verdienen: Ich wollte mich als Sängerin in der Schweiz niederlassen.

Ja, warum ausgerechnet in der Schweiz ... Ich war ein Kriegskind, und in Wien war man zur damaligen Zeit bitter arm. Ich war überzeugt, dass es mir hier besser gehen würde. Ich weiss noch, wie ich zum ersten Mal an der Zürcher Bahnhofstrasse stand. Das war ja so etwas Schönes! Das hatte ich noch nie gesehen! In Zürich durfte ich dem Chefdirigenten des Opernhauses vorsingen. Schliesslich kam ich auf die Bühnen nach Luzern, Basel, Zürich und Bern. Für ein junges, hübsches Mädchen war das damals nicht nur einfach. Viele Männer versuchten, ihre Macht auszunützen, und verlangten Dienste, die mit Musik nichts zu tun hatten.

Bern wurde schliesslich meine Heimatbühne. Von dort aus ging ich an die Opernhäuser nach London und Amerika, Marokko und München. Ich spielte in Opern,

> **Opern – musikalische Theateraufführungen**
>
> Szenische Darstellungen und Musik wurden bereits im antiken griechischen Theater miteinander verbunden. Im Mittelalter zeigte sich diese Verbindung von Text und Musik vor allem bei geistlichen Themen wie der Passions- oder Weihnachtsgeschichte und wurde in den Mysterienspielen auch ausserhalb der Kirche gepflegt. Seit dem 17. Jahrhundert ist die Oper als musikalische Gattung des Theaters bekannt. Wie dieses kann auch sie in verschiedene Akten und Szenen gegliedert sein. Im Gegensatz zum Theater werden in einer Oper Handlungen, Stimmungen und Gefühle jedoch mit Gesang und Instrumenten dargestellt. Diese sind in der Regel in sich abgeschlossene Musikstücke, dabei wechseln Gesangsnummern mit Instrumentalstücken ab. Die Operette – wörtlich übersetzt «kleine Oper» – ist die eher heitere, leichte Variante der Oper mit gesprochenen Dialogen zwischen den Musikstücken. Zur Gesangsausbildung von Berufssängerinnen und -sängern gehören Bereiche wie Stimmbildung oder Interpretation.

Operetten und Musicals. Ich trat zusammen mit Lisa della Casa auf. Ich wurde gelobt und war gefeiert. Manchmal hatte ich bis zu acht Aufführungen in der Woche. Eine Zeit lang gastierte ich in München und Bern gleichzeitig. Dann fuhr ich des Nachts mit dem Auto von einem Opernhaus zum anderen.

Vor zwanzig Jahren stand ich zum letzten Mal als Solistin auf der Bühne. Schon vorher hatte ich begonnen, Gesangsunterricht zu erteilen. Was ich nie geglaubt hätte: Unterrichten kann genauso beglückend sein wie selber singen! Ich kriege Tränen und Hühnerhaut, wenn ein Schüler oder eine Schülerin immer besser wird! Voraussetzungen dafür sind eine gesunde Stimme und Musikalität. Manchmal schlummert diese Musikalität erst in jemandem drin. Sie hervorzuholen, ist ein wunderbares Erlebnis – für den Schüler und für die Lehrerin.

Musik kann man niemandem begreiflich machen, der sie nicht spürt. Musik ist eine unbeschreibliche Empfindung, ein grosser Reichtum! Musik ergreift. Musik umgibt mich wie eine Aura, sie führt in eine andere Dimension. Das Wichtigste in meinem Leben ist Gott – er hat mich durch unglaublich schwierige Kinder- und Jugendjahre getragen. Aber gleich dahinter kommt die Musik. Sie bedeutet mir alles.

Vom Kampf gegen Allergien

Schon als kleines Mädchen litt Loni Pulfer an Neurodermitis, Asthma und Heuschnupfen. Mehrwöchige Kuren in der Klinik für Haut- und Geschlechtskrankheiten im Berner Inselspital brachten für einige Monate Linderung.

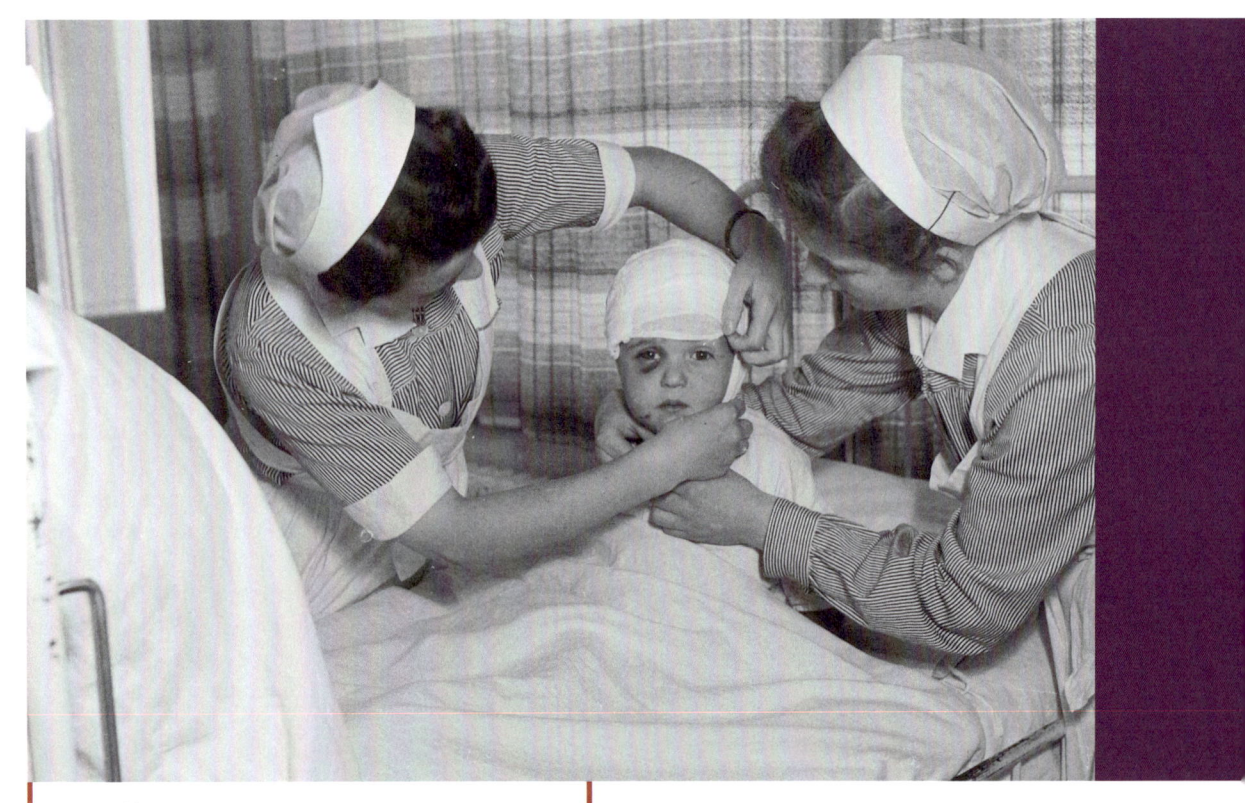

Loni Pulfer-Weber

wurde am 11. März 1934 in Zürich geboren. Ihre Schulzeit verbrachte sie in Bern und schloss trotz ihrer Polyallergie erfolgreich eine Fortbildungsschule ab, bevor sie eine Lehre in einem Advokaturbüro begann. Diese musste sie ihrer Allergien wegen – vor allem auf das damals übliche indigoblaue Pauspapier – wieder abbrechen. 1957 heiratete sie, bekam eine Tochter und zwei Söhne und ist heute Grossmutter von zwei Enkelkindern. Sie lebt mit ihrem Mann in Sigriswil über dem Thunersee.

Vor einiger Zeit besuchte ich zum ersten Mal nach Jahrzehnten wieder die Dermatologie im Areal des Inselspitals. Im Gang hingen die Fotos aller ehemaligen Professoren, unter ihnen auch die Ärzte, die mich vor sechzig Jahren meiner Polyallergie wegen behandelt hatten. Hier hatte 1950 meine Odyssee von Arzt zu Arzt ein Ende gefunden. Professor Glanzmann vom Kinderspital hatte mir auch mit einer Bircher-Benner-Diät und verschiedenen homöopathischen Mitteln nicht mehr helfen können und mich für eine stationäre Behandlung ins Inselspital überwiesen.

Während der nächsten Jahre war ich mehrmals für jeweils acht Wochen auf der Dermatologie, die damals noch Klinik für Haut- und Geschlechtskrankheiten hiess. An Asthma, Neurodermitis und Heuschnupfen litt ich seit meiner Geburt. Mit nässenden Ausschlägen reagierte ich auf Zusatzstoffe in Lebensmitteln, auf Chemikalien und Medikamente, auf Hundehaare und Hausstaubmilben. Im Frühling und im Herbst waren meine Allergien besonders grässlich. Die Kopfhaut, das Gesicht, der ganze Körper waren von Ekzemen überzogen. Dann wurde es wieder Zeit für die nächste Kur im Inselspital.

Die Dermatologie war ein niederes Gebäude – von aussen sieht es heute noch gleich aus. Im unteren Stock waren die Frauen, im oberen die Männer untergebracht. Die Fensterscheiben waren bis zur Hälfte aus Milchglas, damit niemand hineinschauen konnte. In den sechs Betten lagen Frauen mit offenen Beinen, mit Ausschlägen und Geschwüren, mit schwärenden Wunden – manchmal während Monaten. Am Fussende der Betten hingen in einem Metallrahmen die Tabellen mit Angaben zu Diagnose, Behandlung sowie Fieber- und Pulskurve.

Die Dermatologie wurde von Diakonissen geführt. Ihre Arbeit galt als widerlich. Ich wurde häufig gefragt, ob meine Krankheit nicht ansteckend sei. In unserem Zimmer lag auch eine Frau, die im Bett essen und ihr eigenes Geschirr und Besteck im Nachttisch aufbewahren musste. Sie hatte Syphilis und sollte diese Geschlechtskrankheit nicht auf uns übertragen können.

Das Essen gab es am gemeinsamen Tisch in der Mitte des Zimmers. Am Morgen wurden Milch und Zichorien-Kaffee in Aluminiumkannen, dazu Brot und Konfitüre gebracht. Am Mittag und Abend kam das Essen in zwei grossen Kübeln auf einem Trolley. Punkt 20 Uhr war Lichterlöschen. Dann trat eine Schwester ein, las die Losung auf dem christlichen Abreisskalender vor, gab uns ein Gläschen Sanalepsi zum Einschlafen und liess die Store herunter – mochten die Abende noch so hell sein!

Im Verbandszimmer wurde ich jeden Tag neu verbunden. Da gab es keine Nischen und Vorhänge, wenn man sich splitternackt ausziehen musste. Solange die Ekzeme nässten, wurde ich mit Bor-Umschlägen behandelt. Danach wurde mir mit einem Spachtel eine dicke Schicht weisser Zinkpaste aufgetragen – vom Kopf bis zu den Zehen. Die Diakonissen schnitten ein Loch in eine grosse, zusammengefaltete Gaze, stülpten mir diese über den Kopf und banden sie mit Verbandstoff um meine Taille fest. Verbandstoff wurde auch um meine Beine, Arme und den Kopf gewickelt, sodass nur noch die Augen und der Mund frei blieben.

Bis zur Arztvisite am nächsten Tag steckte man in diesen Verbänden. Kurz vorher musste man sie abnehmen, mit einer Kurbel aufrollen und in eine Kartonschachtel legen – nach der Arztvisite wurde man ja wieder eingebunden. Ich wurde von den Ärzten immer ausführlich begutachtet. Da ich so schrecklich aussah, galt ich als besonders schönes Anschauungsobjekt. Alles wurde an mir ausprobiert – von Bestrahlungen und Kalziumspritzen gegen den Juckreiz über Fowler-Kuren mit ständig höheren Dosen von Arsen bis hin zu Fenergan, einem starken Beruhigungsmittel.

Als Kortison auf den Markt kam, veränderte sich mein Leben. Ich erinnere mich an eine Titelseite von Das Beste, auf welcher Kortison als das neue Wundermittel gegen viele Krankheiten angepriesen wurde. Das war natürlich nicht so. Ich litt unter den Nebenwirkungen, bekam einen dicken Bauch und ein aufgeschwollenes Gesicht. Mit der Zeit wurde Kortison immer sorgfältiger dosiert, und ich lernte, damit zu leben.

Von Bor-Umschlägen zum Kortison

Die Haut ist das grösste und vielseitigste Organ des Körpers – und dadurch auch einer Vielzahl von Einflüssen und Veränderungen ausgesetzt. Hautkrankheitserscheinungen wurden bereits vor über zweitausend Jahren beschrieben, die Entwicklung der Dermatologie im engeren Sinn begann in Europa im 18. Jahrhundert. Die Haut wurde nun nicht mehr nur als Hülle zwischen innen und aussen betrachtet, sondern vielmehr als komplexes Organ mit eigenständigen Funktionen. Ursachen für Hautkrankheiten gibt es viele, dazu gehören erbliche Krankheiten und Anlagen, aber auch Stress oder Infektionen. Ebenso breit ist das Spektrum der Schweregrade von kosmetischen Auffälligkeiten bis hin zum oft tödlichen Hautkrebs. Entsprechend vielfältig sind die Behandlungsmöglichkeiten. Sie reichen von entzündungshemmenden und desinfizierenden Salben und Cremen über Kortison bis hin zu Operationen mit anschliessenden Chemotherapien und Bestrahlungen. Kortison wird seit Mitte des letzten Jahrhunderts auch zur Behandlung von Hautkrankheiten wie Neurodermitis, Schuppenflechte, von Ausschlägen und Ekzemen sowie bei Asthma und Allergien verabreicht.

Taschentücher vom Feinsten

Bestickte Taschentücher aus der Ostschweiz wurden einst in die ganze Welt exportiert. Handmaschinenstickerinnen und -sticker stellten die Tüchlein in Heimarbeit für St. Galler Textilfabriken her. Eine von ihnen ist Lina Bischofberger.

Lina Bischofberger-Bänziger

wurde am 24. Juli 1924 geboren und wuchs in Mohren ob Altstätten SG auf. 1948 kam sie durch ihre Heirat mit Roman Bischofberger in dessen elterliches Stickerhaus nach Reute AR. Seit dem Tod ihres Mannes 1988 führt sie den Betrieb allein. Heute stickt sie Tüchlein hauptsächlich auf Bestellung für besondere Anlässe wie Hochzeitsfeste, Taufen oder Jubiläen. Ihr Stickereilokal öffnet sie auch für Feriengäste, Vereine oder Schulen, die ihr beim Sticken zuschauen möchten. Lina Bischofberger hat drei Kinder, sechs Grosskinder und sechs Urgrosskinder.

Vor der Erfindung der Handstickmaschine wurden alle Stickereien von Hand gemacht. Die Handstickerinnen sassen vor ihren Rahmen, in welche der Stoff eingespannt war. Sie führten den Faden durch den Stoff hin und wieder zurück und machten so Stich um Stich.

Ich hingegen bin eine Handmaschinenstickerin. Das Prinzip ist das gleiche, nur entstehen statt einem einzigen Tüchlein gleich 104 aufs Mal. Die Tüchlein sind einzeln in kleine Metallrähmchen eingespannt, die in zwei Reihen übereinander von einem Holzrahmen in der Mitte der Maschine festgehalten werden. Die Nadeln sind sogenannte Doppelnadeln. Sie haben in der Mitte eine Öse und laufen beidseitig in eine Spitze aus. Wie die Tüchlein sind sie in zwei Reihen übereinander in ihren Klupper – das ist die Haltevorrichtung – eingesetzt. Über eine Kurbel setze ich den Wagen mit den Nadeln in Bewegung, sie durchstechen die Stofftüchlein und werden auf der Rückseite von den gleich angeordneten Kluppern in Empfang genommen. Es ist dieselbe Bewegung wie bei der Handstickerei: Die Nadeln werden durch den Stoff hindurchgestochen und wieder zurückgeholt.

Die Motive auf den Tüchlein entstehen mithilfe des Pantografen, den ich über die Zeichnung zu den vorgegebenen Punkten bewege. In sechsfacher Verkleinerung wird so jeder Stich auf die Tüechli übertragen. Das tönt etwas kompliziert, es ist aber ein ganz einfacher Vorgang. Ich musste das alles auch lernen, als ich 1948 meinen Mann heiratete und in seine elterliche Handmaschinenstickerei kam. Im Appenzellerland war die Stickerei Männerarbeit. Ich machte die Zuarbeiten: Ich spannte die Tüchlein ein, bediente die Fädlermaschine, mit welcher sich die Nadeln automatisch einfädeln liessen, und half beim Einsetzen der Nadeln. Wenn nötig, packten auch die Kinder mit an.

Bezahlt wurde ein Sticker nach der Anzahl Stiche, die er machte. Mein Mann schaffte jeden Tag ungefähr 2500 Stiche, ein durchschnittliches Motiv braucht rund 1200. Täglich entstanden so in unserer Stickerei etwa zweihundert Taschentücher. Ja, früher hatte man halt keine Papiernastücher. Da trugen die edlen Frauen ein besticktes Tüchlein bei sich – das galt dann schon etwas! Jedenfalls wurden die Tüechli aus dem Appenzellerland in die ganze Welt hinaus exportiert!

Unser Zahltag lag immer zwischen drei- und vierhundert Franken. Das war nicht viel, aber es reichte zum Leben. Wir hatten kein Auto – aber was brauchten wir zum Sticken auch ein Auto! Und an den Sonntagen gingen wir spazieren, wandern, z Berg. Jeden Morgen begann mein Mann um sechs Uhr mit der Arbeit. Am Mittag gab es eine Stunde Pause und zum Vesper nochmals eine halbe Stunde. Am Abend wurde bis um halb neun Uhr gearbeitet. Mein Mann kannte nichts anderes. Zu Hause waren sie neun Kinder gewesen, sechs Buben und drei Mädchen. Fünf der Knaben wurden ebenfalls Sticker, so wie ihr Vater. Mit dem Ersten Weltkrieg und der Wirtschaftskrise brach die Handmaschinenstickerei ein. Erst ab 1942 gab es wieder Aufträge, und mein Mann und sein Vater begannen erneut zu sticken.

> **Blühende Heimindustrie**
>
> Mit der Erfindung der Handstickmaschine 1829 entwickelte sich die Stickerei vor allem in St. Gallen und Umgebung zu einem bedeutenden Wirtschaftszweig. Um 1900 gab es in der Schweiz rund 18 000 Handstickmaschinen, allein dreitausend im Appenzellerland. Die meisten standen bei Heimarbeitern in Stuben und Kellern, etwa ein Drittel in grossen Textilfabriken. Handstickmaschinen konnten mehrere Hundert Nadeln haben, die vor der Erfindung der Fädelmaschine von Hand eingefädelt werden mussten. Das war Frauen- und Kinderarbeit. Eine Weiterentwicklung brachte zu Beginn des 20. Jahrhunderts die Erfindung der Schiffchenstickmaschine. Diese orientierte sich an der kurz zuvor entwickelten Nähmaschine und arbeitete statt mit einem neu mit zwei Fäden. Die späteren Stickautomaten wurden nicht mehr mechanisch mit dem Pantografen, sondern über Lochkarten gelenkt. Heutige Stickmaschinen werden elektronisch gesteuert; sie funktionieren aber immer noch nach dem gleichen Prinzip.

Mein Mann arbeitete für Bischoff Textilien in St. Gallen. Als er krank wurde, übernahm ich die Stickerei. Natürlich konnte ich nicht so viel produzieren wie zuvor mein Mann, denn ich musste jeden Arbeitsgang allein machen – vom Einspannen der Rähmchen über das Vernähen der Fäden bis hin zum Bügeln und Verpacken der fertigen Tüechli. Als die Firma 1999 die Produktion von Handmaschinenstickereien einstellte, dachte ich zuerst, ich würde mich jetzt auch zur Ruhe setzen. Ich bekam ja die AHV. Doch ich habe immer noch Freude an der Arbeit, an der Ware und an der alten Handstickmaschine.

Oft kommen Schulklassen oder Vereine zu mir, und ich zeige ihnen, wie dieses alte Handwerk ausgeübt wird. Ich bin die einzige Handmaschinenstickerin, die es im Appenzellerland noch gibt. Auf Bestellung sticke ich Tüechli für Geburtsanzeigen oder Tischdekorationen und stelle auch noch Taschentücher für die Firma Lehner in Appenzell her. Diese verkaufen sich bis nach England! Vor einiger Zeit telefonierte mir meine Enkelin aus London, sie habe meine Tüchlein in einem Laden gefunden! Sie lachte und sagte, wahrscheinlich habe selbst die Queen eines meiner Taschentücher in ihrer Tasche!

Leben in der Dorfschmitte

Alice Gisler-Weidmann führte mit ihrem Ehemann Jakob Gisler 42 Jahre lang die Dorfschmiede in Henggart. Für die gelernte Coiffeuse bedeutete dies ein erfülltes, aber arbeitsreiches Leben. Denn es gab immer etwas zu tun in der Schmitte – und auch als Mutter von vier Kindern war sie ständig gefordert.

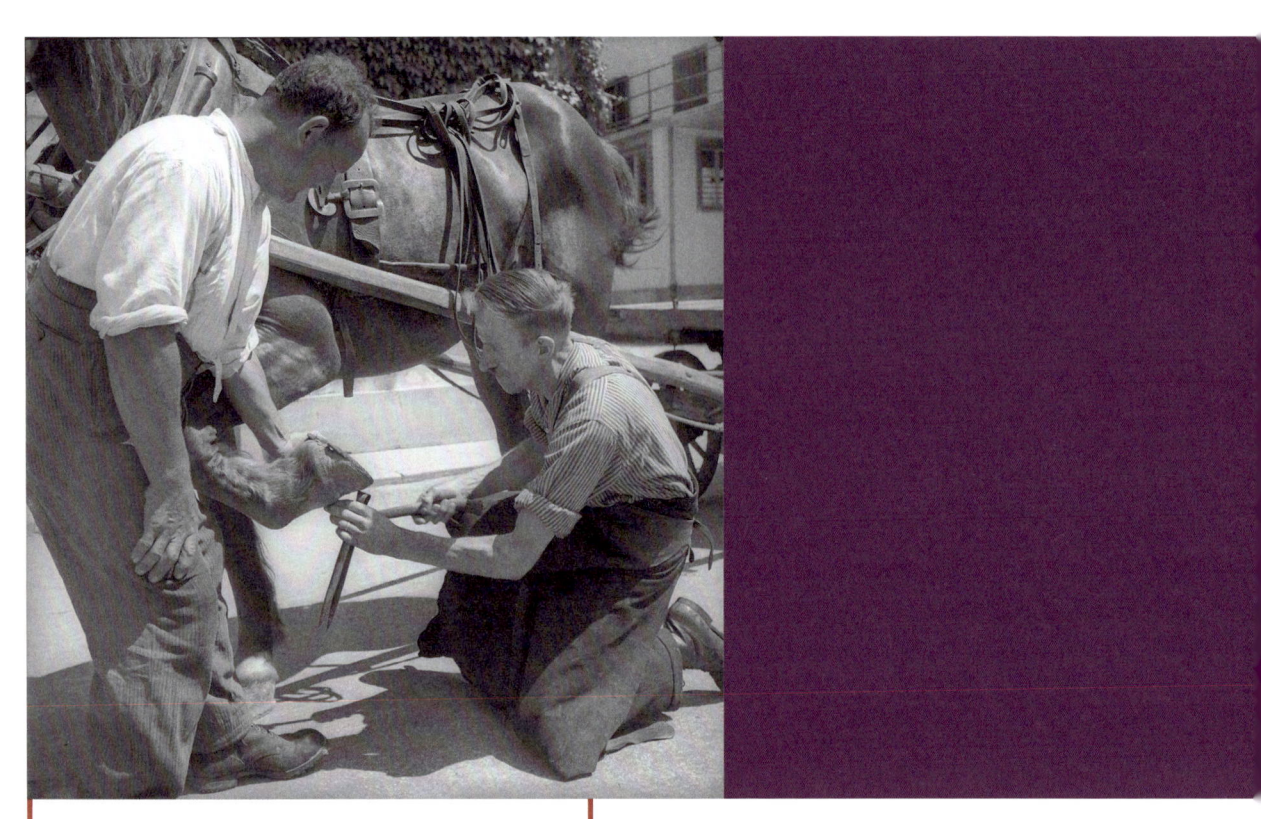

Alice Gisler-Weidmann

wurde am 22. Januar 1918 als Tochter eines Schweizers und einer Französin in Andelfingen ZH geboren, wo sie auch die Schule besuchte. Die gelernte Coiffeuse heiratete 1942 den Sohn des Henggarter Dorfschmieds, Jakob Gisler. Zusammen hatten sie drei Söhne und eine Tochter. Alice Gisler ist seit 1984 verwitwet, reist und schreibt gerne. Sie lebt im Parterre des umgebauten Schmittenhauses, ihr dritter Sohn und seine Frau wohnen im Stock darüber. Alice Gisler ist sechsfache Grossmutter und siebenfache Urgrossmutter.

1942 habe ich ins Bauerndorf Henggart geheiratet, das damals nur 500 Einwohner zählte. Ich war 24, hatte bis dahin bei meiner Familie in Andelfingen gelebt und als Coiffeuse in Winterthur gearbeitet. Meine Mama war nicht begeistert von meiner Wahl. «Was willst du einen Schmied heiraten, da hast du so viel Arbeit», redete sie mir ins Gewissen. «Such dir jemanden, der am Morgen aus dem Haus geht, dann kannst du in Ruhe die Kinder erziehen.» Aber für mich gab es nichts anderes, Köbi Gisler gefiel mir, ich war verliebt in ihn.

Ich zog also in die Dorfschmitte, zu meinem Mann und dessen Vater, der verwitwet war. Dass vor dem Haus ein Schleifstein stand, Bauern mit ihren Wagen und Pferden kamen und gingen, dass mein Mann mit schmutzigen Schlosserhänden ins Haus kam, störte mich nicht. Mühe hatte ich am Anfang mit dem Geruch nach verbranntem Horn, wenn man die Pferde beschlug. Aber ich sagte mir: «Dagegen kannst du nichts machen», und nach zwei, drei Wochen ertrug ich auch das.

Meine Mutter hatte recht gehabt, Arbeit gab es reichlich – es war eine strenge Zeit. Um sieben Uhr früh wurde in der Schmitte das Feuer entfacht, das Frühstück musste also schon um halb sieben auf dem Tisch stehen. Am Mittag waren wir immer neun bis zehn Leute: der Schwiegervater, ein Lehrling, ein Arbeiter, unsere vier Kinder, mein Mann und ich. Als die Kinder klein waren, hatte ich eine Haushaltshilfe aus Österreich – ohne sie hätte ich die vielen Aufgaben nicht gemeistert.

Am Abend, wenn die Kinder im Bett waren, schrieb ich im Wohnzimmer Rechnungen, zuerst von Hand, später versuchte ich es mit der Schreibmaschine. Mein Mann notierte tagsüber in einem Buch, wem ich wie viel verrechnen musste. Es gab immer wieder Kunden, die nicht oder nicht sofort bezahlen konnten. Oft bekamen wir stattdessen Holz, Äpfel, Kartoffeln oder Fleisch, so hatte ich den Sommer über alle Hände voll zu tun mit dem Kochen von Konfitüre, dem Einmachen von Früchten und dem Sterilisieren von Fleisch.

Mein Mann arbeitete, ich gab das Geld aus: Ich kaufte ein, nicht nur Lebensmittel für den Haushalt, sondern auch Hufeisen, Nägel und anderes Material für den Betrieb. 1955 lernte ich Auto fahren, das war eine Erleichterung, fortan musste ich nicht mehr so viel nach Hause schleppen.

Zu tun gab es immer in der Schmitte. All die Bauernmaschinen, die Pflüge und Heuwender mussten von Zeit zu Zeit geflickt werden. Brach bei einer Heugabel oder bei einem Rechen ein Zinken ab, brachte man das kaputte Gerät zu uns. Als es noch kaum Räder mit Pneus gab, musste man auch Eisenreifen auf die Holzräder der Landwirtschaftsfahrzeuge aufziehen. Das war eine besonders schwere Arbeit, die man nur zu zweit machen konnte. Beim Drehen der Ränder konnte man sich verbrennen, wenn man nicht aufpasste; ich erinnere mich noch gut, wie mein Schwiegervater immer wieder mit verbrannten Handgelenken nach Hause kam. Wenn ich sie ihm einbinden wollte, wehrte er ab, es tue nicht weh, er habe sich daran gewöhnt.

Regelmässig mussten zudem Pferde beschlagen werden. Köbi hatte ein besonderes Geschick für Pferde mit kranken Hufen, eigentlich wäre er nämlich lieber Tierarzt geworden. Gegen Ende der Schulzeit hatte der Lehrer seinen Vater zu überzeugen versucht, er solle den Sohn studieren lassen. Doch daraus wurde nichts. Köbi war der einzige Sohn und musste das Geschäft übernehmen. Nach seiner Lehre als Schmied und Schlosser hatte er allerdings eine Zeit lang im Tierspital in Zürich gearbeitet, sodass er später in der Schmitte wusste, wie kranke Pferdehufe behandelt werden mussten. Mancher Rossbesitzer musste sein Tier dank ihm nicht «abtun».

Einmal in 42 Jahren sind wir nach Italien gefahren, als unsere Tochter dort arbeitete. Sonst haben wir nie

Schmied und Schlosser

Das Schmiedehandwerk gehört zu den ältesten Berufen überhaupt. Mit Amboss, Hammer und Zange bearbeiteten die Schmiede früher das in der Esse rotglühend erhitzte Eisen – Flammen loderten auf, Funken spritzten wie Feuerwerk, unerbittlich schlug der Hammer den Takt. Der Schmied stellte verschiedenste Gerätschaften aus Eisen her oder reparierte sie: Pflugscharen, Heugabeln und andere Ackergeräte, Werkzeuge, Waffen und Schmuck. Er bereifte Wagenräder und beschlug Pferdehufe. Bis nach dem Zweiten Weltkrieg war das Handwerk bei uns weit verbreitet, ganz besonders auf dem Land. Mit der Technisierung und Modernisierung der Landwirtschaft wurde der Schmied zusehends durch Landmaschinenmechaniker ersetzt, heute ist der Beruf praktisch verschwunden. Nicht so der Schlosser: Schmiedeeiserne Gitter, Tore und Schlösser mit raffinierten Sicherungen waren und sind zu allen Zeiten gefragt. Die beiden Handwerksberufe sind seit 1989 zum Beruf des Metallbauers zusammengefasst worden.

zusammen Ferien gemacht. Köbi hatte kein Interesse an anderen Ländern oder am Reisen. Am Sonntag ging er an die Thur fischen, sonst sass er am liebsten vor dem Haus, las Zeitung und rauchte ein Zigarettli. Ich ging jedes Jahr zwei Wochen mit meiner Schwester in die Ferien. Oft nach Frankreich. Mit 75 flog ich das erste Mal nach Australien. Seither war ich vier Mal dort. Nach Köbis Tod 1984 haben wir die Schmitte verkauft. Unser zweiter Sohn hat das Handwerk zwar gelernt, wollte aber kein eigenes Geschäft führen.

Die Zeit als Störschneiderin

Nach einer schwierigen Jugend durfte Lydia Bucher Damenschneiderin erlernen. Aus finanziellen Gründen konnte sie ihren Traumberuf jedoch nur ein paar Jahre ausüben. Doch die Erlebnisse als Störschneiderin in und um Bern hat sie bis heute nicht vergessen.

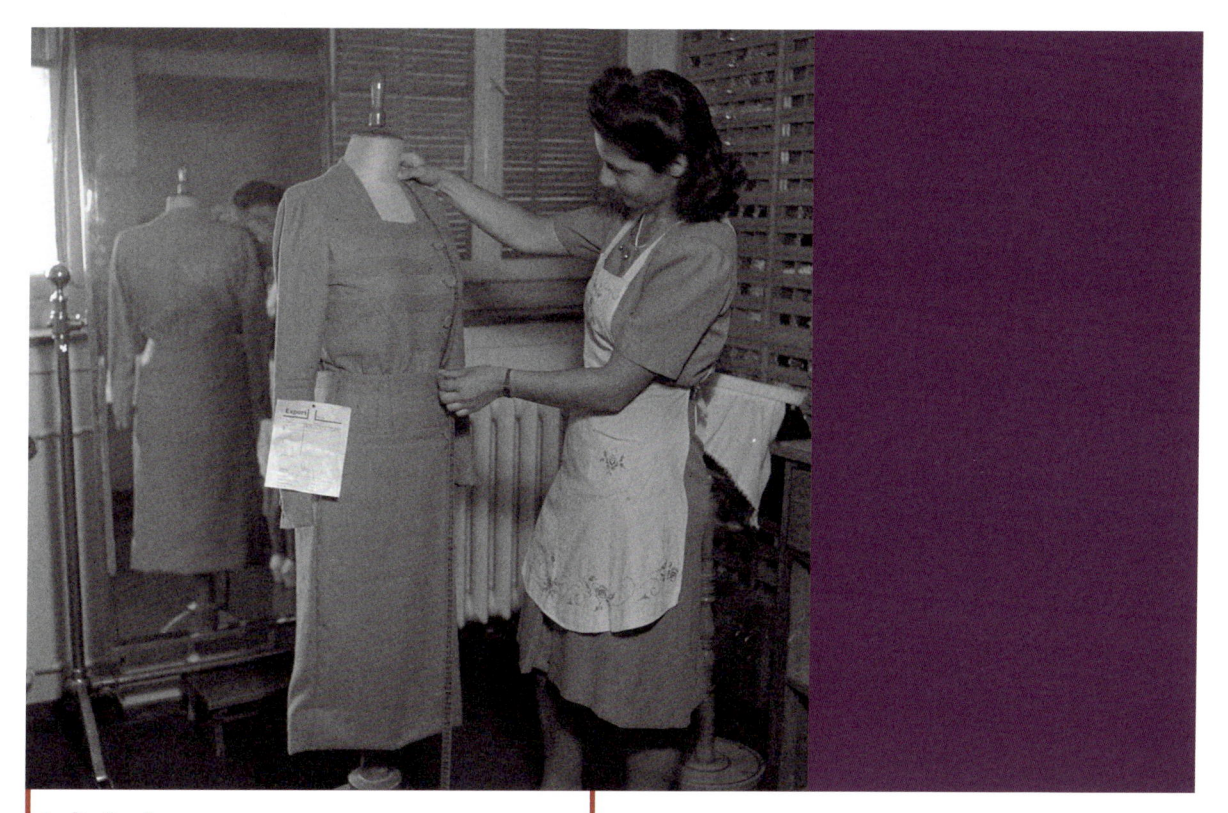

Lydia Bucher

wurde am 21. September 1927 in Zürich geboren und wuchs mit zwei Schwestern sowie einem Bruder auf. Nach der Schule arbeitete sie in einer Druckerei, bis sie eine Lehre als Damenschneiderin beginnen konnte. In ihrem Beruf trat sie Stellen in Lausanne und Bern an, bevor sie sich als Störschneiderin selbstständig machte. Wegen des kargen Verdienstes sattelte sie jedoch auf Taxichauffeuse um, bevor sie in die Uhrenindustrie wechselte. Lydia Bucher war in den 1950er-Jahren kurz verheiratet und hat keine Kinder. Sie wohnt in Grenchen SO.

Ich stamme aus schwierigen Verhältnissen. Meine Lehre als Damenschneiderin musste ich zuerst abbrechen, weil meine Mutter mir beschied, ich müsse Geld verdienen. Nachdem ich aber in ein Heim in Bülach ZH eingewiesen worden war, weil meine Mutter mich, meine beiden Schwestern und meinen Bruder nicht richtig betreute, konnte ich meine Lehre doch noch abschliessen.

Ich war selig. Das war eine glückliche Zeit für mich, denn ich fühlte mich dort sehr wohl. Nicht zuletzt, weil ich mich um die Tiere kümmern durfte. Auch gab es keine Schläge wie zu Hause, sondern manchmal sogar Lob. Nach Abschluss der Lehre besorgte mir die Fürsorgerin eine Stelle bei einem Herrenschneider in Lausanne sowie ein Zimmer bei den «Freundinnen junger Mädchen». Die Arbeit dort gefiel mir allerdings nicht sonderlich gut, weil ich nur Jupes nähen und Änderungen machen durfte.

In Lausanne lernte ich einen Bähnler aus Köniz BE kennen und folgte ihm nach Bern, wo ich ein Mansardenzimmer mietete. Ich fand eine Schneiderinnen-Stelle bei Fräulein Jacques, die aus dem Welschland stammte und wirklich tolle Kreationen anfertigte. Sie schneiderte nur für die Hautevolée, also für die Reichen. Aus diesem Grund erwarb Fräulein Jacques ihre Ware ausschliesslich im teuersten Stoffladen der Stadt Bern. Dieses Geschäft verkaufte herrliche Materialien. Daraus schneiderten wir dann edle und elegante Kleider, Abendroben und Mäntel. Schon damals – Anfang der 1950er-Jahre – bezahlten die Leute 1000 Franken für einen Mantel.

Ich verdiente damals bescheidene 350 Franken pro Monat. Trotzdem brachte ich es fertig, mir ein schwarzes englisches Velo zusammenzusparen sowie eine Occasions-Tret-Nähmaschine, Bettwäsche, Silberbesteck und Geschirr. Ich frage mich heute noch, wie ich das geschafft habe. Das englische Velo sowie die Nähmaschine waren die Schlüssel zu meiner beruflichen Selbstständigkeit. Fortan arbeitete ich auf eigene Rechnung und ging in und um Bern auf die Stör.

Nach dem Krieg warf man alte Kleider nicht einfach fort, sondern trennte sie auseinander und behielt die guten Stoffe. Oder man ergänzte sie mit neuen Stoffstücken, nähte beispielsweise einen Kragen an oder Taschen auf. Das Leuchten in den Augen der Frauen werde ich nie vergessen, wenn ich ihnen mein Werk jeweils übergab.

Für meine Dienste verlangte ich 14 Franken pro Tag plus Mittagessen. Oft hätte ich bei meiner Kundschaft auch das Znacht einnehmen können, doch das schlug ich meist aus. Einmal gab eine Frau Zucker in die Salatsauce – da wollte ich nicht noch zum Abendessen bleiben. Der Appetit verging mir ebenfalls, als eine andere Frau mangels Topflappen die bereits gebrauchten Taschentücher nahm, um die heisse Pfanne zu tragen. Und in einem sogenannt besseren Haus durfte ich nicht mit der Familie zusammen essen, sondern man setzte mir im Nähzimmer die Fischresten vor. Das war dann auch das erste und das letzte Mal, dass ich mich von diesen Menschen engagieren liess.

Handwerker auf Wanderschaft

Auf die Stör gingen Handwerker, welche ihre Maschinen und Werkzeuge transportieren und somit an verschiedenen Orten arbeiten konnten. Typische Stör-Berufe waren zum Beispiel Schuhmacher, Schneider, Zimmermann, Weissnäherin, Tischler, Metzger, Kesselflicker, Messerschleifer oder Brunngraber. Oft allerdings waren Stör-Handwerker schlechter angesehen als solche, die ihr Gewerbe an einem fixen Ort betrieben. Ein Nachteil der beruflichen Wanderschaft war zudem, dass der ausstehende Handwerkerlohn oftmals nicht sofort bezahlt wurde, sondern erst nach der Erntezeit. In den 1950er-Jahren starben die Stör-Handwerker langsam aus. Erst in jüngerer Zeit erlebt die Stör eine Art Wiedergeburt. So gibt es heute wieder Stör-Metzger, Stör-Köche und sogar Stör-Erzieherinnen, die bei familiär schwierigen Situationen Erziehungshilfe leisten.

Auf der Stör war meine Arbeit sehr vielseitig: Ich nahm Änderungen vor, fertigte aber auch neue Blusen oder Jupes an. Hosen trugen die Frauen damals noch nicht. Bei den Bauernfamilien musste ich zudem flicken.

In Jegenstorf, einer 15 Kilometer von Bern entfernten Gemeinde, blieb ich gleich eine ganze Woche lang bei einer Bauernfamilie. Das war ein besonderes Erlebnis. Dort gab es viel zu tun – ich musste Hosen ändern oder kürzen, neue Taschen in die Hosen nähen, Löcher stopfen oder die Röcke der Bauersfrau ändern. Gegessen wurde draussen an einem grossen Tisch, an dem die Familie mit ihren fünf Söhnen, die Mägde und Knechte sowie ich Platz fanden. Am Montag schlachteten die Bauersleute eine Sau, und es gab Kuchen zum Dessert. Von Dienstag bis Freitag standen dann Blut- und Leberwürste sowie Apfelschnitze auf dem Speiseplan. Was sehnte ich den Freitag herbei, damit ich nach Hause gehen und endlich etwas anderes essen konnte!

Ich liebte meinen Beruf, doch musste ich schnell einsehen, dass ich mit diesem Arbeitsmodell einfach zu wenig verdiente. Darum heuerte ich nach einem kurzen Intermezzo als Taxifahrerin in einer Uhrenfabrik an, wo ich ein wesentlich höheres Einkommen erzielte.

Für Bekannte nähte ich nebenbei noch ab und zu hübsche Sachen. Und für mich selbst schneiderte ich lange Zeit die gesamte Garderobe. So konnte ich Modelle tragen, die es nirgends zu kaufen gab.

33

Verkaufen mit Leib und Seele

Als Susette Grimmer 1960 eine Filiale des Lebensmittelvereins Zürich übernehmen konnte, ging für sie ein Kindheitstraum in Erfüllung. Sie bereute ihre Berufswahl nie und blieb den Konsum- und Coop-Läden bis zu ihrer Pensionierung treu.

Susette Grimmer-Weil
wurde am 19. Januar 1932 in Zürich geboren, wuchs aber in Laufen BL bei der Schwester ihrer Mutter auf – Tante, Onkel und Cousinen wurden für sie zur geliebten Ersatzfamilie. Susette Grimmer lernte Verkäuferin, wurde Konsum-Filialleiterin und arbeitete bis zu ihrer Pensionierung in verschiedenen Coop-Filialen. 1967 heiratete sie Alfred Grimmer. Beide liebten ihren Beruf und das Reisen. Susette Grimmer ist verwitwet, telefoniert täglich mit ihrer Schwester und lebt alles andere als einsam mit «wunderbaren Nachbarn» in Effretikon.

■ Fräulein Hof im Konsum Laufen war mein grosses Vorbild. Meine Mama konnte mich siebenmal am Tag einkaufen schicken, jedes Mal bin ich voller Freude losgezogen, um Fräulein Hof zuzuschauen, wie sie Zwiebeln oder Mehl abwog, verpackte, das Rückgeld abzählte und dabei mit der Kundschaft ein Schwätzchen hielt. Ich wusste: Wie das Fräulein Hof wollte ich später auch Verkäuferin und Filialleiterin werden.

Zuerst waren die Eltern nicht einverstanden mit meiner Berufswahl. Doch schliesslich sagte der Papa:

«Soll das Mädchen Brot und Zucker verkaufen, wenn es das unbedingt will.» Die Lehre machte ich bei Krayer-Ramsperger, einem Kolonialwarengeschäft in Basel. Als man mir am ersten Tag auftrug, die Tüchlein zu waschen, mit denen der Käse über Nacht abgedeckt war, sagte ich frech: «Dafür bin ich nicht hier, ich will verkaufen lernen.» Natürlich kam ich damit nicht durch, obwohl die Tüchlein wirklich furchtbar nach Käse rochen. Bevor man mich bedienen liess, hatte ich noch einiges zu tun: zum Beispiel einen 50-Kilo-Sack Zucker pfundweise abwägen, in Papiersäcke abfüllen und diese so verschliessen, dass es keine Fältchen gab, das war eine Wissenschaft!

Nach der Lehre arbeitete ich kurze Zeit in einem Comestible-Geschäft, und am 1. Januar 1950 trat ich meine erste Stelle im damaligen Coop, dem Konsum, in Aesch an. Wir begannen um sieben Uhr morgens und arbeiteten bis sieben Uhr abends. Am Mittwochnachmittag war geschlossen, damit wir die Lebensmittelmarken, die wir während der Woche in einer Kiste gesammelt hatten, auf Papierbögen kleben konnten. Auch als die Marken schon längst abgeschafft waren, blieben die Coop-Läden am Mittwochnachmittag noch geschlossen.

Der Beruf der Lebensmittelverkäuferin war früher anspruchsvoller und vielseitiger als heute. Selbstbedienung gab es noch nicht. Die Kasse diente einzig der Registrierung des Totalbetrags, zusammenrechnen mussten man alles im Kopf oder auf einem Stück Papier. Viel Arbeit machte die Bereitstellung der Produkte. Öl, Essig, Zucker, Griess oder Mehl mussten wir selber abfüllen oder abpacken. Wir machten das wie am Fliessband: Eine öffnete die Tüten, eine füllte ein, die Nächste wog, und die Letzte machte den Sack zu.

Ein paarmal wechselte ich die Stelle – wenn man weiss, dass die Frau Müller immer ein Pfünderli will und die Frau Meier immer ein Kilo Brot, wird es langweilig. Gerne wäre ich erste Verkäuferin geworden, wie die Filialleiterin damals hiess. Doch bewerben konnte man sich dafür nicht, man musste warten, bis man befördert wurde.

Mit 26 Jahren lernte ich meinen späteren Mann Fred kennen, der deutscher Staatsbürger war. Weil meine Familie jüdisch ist, passte ihnen Fred nicht. Also ging ich als Au-pair nach England und Fred zurück nach Deutschland. Ich kehrte dann aber frühzeitig zurück; meine Mutter hatte eine Hirnblutung, und ich musste fortan den Eltern den Haushalt machen. Als es meiner Mutter besser ging, packte ich heimlich meine Sachen

> **Von der persönlichen zur Selbstbedienung**
>
> Bereits 1850 gab es in den grösseren Städten verschiedene Consum- oder Lebensmittelvereine, die gemeinsam Waren einkauften und in den Konsumläden wiederverkauften. In der ersten Hälfte des 20. Jahrhunderts fusionierten immer mehr Consumvereine, zahlreiche Erweiterungen fanden statt. Anfang der 1960er-Jahre existierten bereits 3320 Verkaufsstellen, und das Coop-Signet wurde eingeführt. Der Beruf der Verkäuferin erfuhr grosse Veränderungen, als 1948 in Zürich der erste Laden auf Selbstbedienung umstellte und die übrigen Verkaufslokale nach und nach folgten. Damals wie heute ist der Beruf der Verkäuferin oder des Verkäufers beliebt, besonders bei Jugendlichen, die Freude haben am Kundenkontakt. Geschätzt wird die kurze Ausbildungszeit, die Lehre dauert bloss zwei Jahre, möglich ist heute auch die dreijährige Ausbildung zur Detailhandelsfachfrau.

und ging 1960 nach Zürich. Ich meldete mich beim LVZ, dem Lebensmittelverein Zürich. Dort erfuhr ich, dass man sich seit Neuestem melden konnte, wenn man eine Filiale leiten wollte. Bald ging mein Traum in Erfüllung: Ich wurde Filialleiterin im LVZ an der Thurwiesenstrasse in Zürich-Wipkingen – ein kleiner Laden zwar, mit nur drei Angestellten, aber wir hatten es wunderbar zusammen.

Fred hatte ich die ganze Zeit über nicht aus den Augen verloren, und als er 1963 in Langenthal eine Stelle fand, zog ich nach Olten, wo wir schliesslich heirateten. Er war ein wunderbarer Mann, ich konnte mit ihm über alles reden. Kinder wollte er keine, er war ja zwanzig Jahre älter als ich. Für mich stimmte es aber auch so, ich war Verkäuferin mit Leib und Seele und allem, was an mir dran ist. In Olten, wo ich wieder eine Filiale leitete, stellten wir Schritt für Schritt auf Selbstbedienung um. Zuerst waren es die Konserven, die sich die Kundschaft selber nehmen konnte, und so wuchsen wir langsam in die neue Zeit.

1970 zogen Fred und ich nach Effretikon. 1980 begann ich in der Schnittkäseabteilung des Coop St. Annahof an der Zürcher Bahnhofstrasse zu arbeiten, wo ich wieder richtig bedienen konnte. 140 verschiedene Käsesorten führten wir im Sortiment. Ich hätte nie gedacht, dass man in einem so grossen städtischen Warenhaus eine Stammkundschaft haben könnte.

Stricken mit der Maschine

Rosi Zobrist wurde schon als kleines Mädchen mit der Handstrickmaschine vertraut gemacht. Denn ihre Mutter bestritt mit den Strickwaren, die sie damit fertigte, die Haushaltskasse. Als Zwanzigjährige reiste Rosi Zobrist als Instruktorin für Handstrickapparate durchs ganze Bernbiet.

Rosi Zobrist
wurde am 24. Dezember 1931 geboren und wuchs als Tochter eines Velomechanikers in Brienz BE auf. Nach der Sekundarschule absolvierte sie ein Welschlandjahr, arbeitete in verschiedenen Haushaltungen sowie in der Hauspflege und erledigte zusammen mit ihrer Mutter Auftragsarbeiten mit der Handstrickmaschine. Von 1952 bis 1955 war sie bei der Strickmaschinen-Herstellerin Dubied als Instruktorin angestellt. Später liess sie sich zur Psychiatrieschwester ausbilden. Seit 2004 lebt sie im Altersheim in Männedorf ZH.

Die Handstrickmaschine meiner Mutter war eine Schweizer «Dubied» und stand auf einem Eisengestell bei uns in Brienz in der Stube. Mit dem Geld, das sie mit ihren Strickwaren verdiente, bestritt Mutter die Haushaltskasse – ein willkommener Zusatzverdienst.

Schon als Schulmädchen ging ich ihr zur Hand. Die Leute aus dem Dorf brachten uns ihre löchrigen Baumwollsocken, die neue Füsse brauchten. Damals flickte man ja alles so lange wie möglich, bevor man etwas Neues kaufte. Die kaputten Füsse schnitten wir ab und fädelten die Socken auf die Maschine, welche alles – von der Ferse über das Käppli bis zur Spitze – erledigte.

Unsere Maschine konnte mit ihren zwei Nadelreihen, den sogenannten Nadelbetten, rechte und linke Maschen sowie flach oder rundherum stricken. Die Maschen bildeten spezielle Zungennadeln, die sich mit einer kleinen Klappe öffnen und schliessen liessen. Rippen, Rauten, Zickzack-, Löchli- oder sogar Zopfmuster waren möglich. Indem man von Hand einen Hebel hin- und herbewegte, erzeugte man Maschenreihe um Maschenreihe. Der Apparat machte also keineswegs alles automatisch, aber die Zeitersparnis war beträchtlich: Für Socken brauchten wir etwa eine Stunde, für einen Pullover je nach Muster ungefähr einen Tag.

Während des Krieges erhielt man für seine Textilmarken nur mit Zellstoff vermischte Wolle, die weder stark noch warm war. So herrschte 1947, als ich aus der Schule kam, ein grosser Nachholbedarf an schönen Strickwaren. Gerne wäre ich Arbeitsschullehrerin geworden, aber für eine Ausbildung fehlte uns das Geld. So half ich neben meinen Saisonstellen in verschiedenen Haushaltungen meiner Mutter beim Stricken.

Viele Frauen im Dorf, die eine grosse Kinderschar oder einen Bauernhof zu versorgen hatten, fanden keine Zeit zum Stricken ihrer Kleider. Und einen Gang ins Kleidergeschäft konnten sich die wenigsten leisten. Als ich Mutter einmal aufforderte, für unsere Arbeit mehr zu verlangen, erklärte sie: «Die Männer, die bei der Rothornbahn arbeiten, verdienen achtzig Rappen pro Stunde – da können wir doch nicht einen Franken zwanzig heuschen.»

Wir hatten so viele Aufträge, dass wir bald eine zweite Strickmaschine, eine Dubied Nummer 5, anschafften, die auch dickere Wollsorten verarbeiten konnte. Manche Kundinnen kamen mit Bildern aus Illustrierten, und wir strickten die abgebildeten Stücke nach. Zur Weiterbildung besuchte ich einen Kurs der Firma Dubied in Neuenburg – und wurde prompt als Strickmaschineninstruktorin angestellt. So reiste ich ab 1952 drei Jahre mit fabrikneuen Maschinen zu Käuferinnen, installierte alles und blieb zehn Tage, um der Kundin von Socken über Strumpfhosen und Leibchen bis zu Pullovern und Jacken alles Wichtige beizubringen.

Für die Frauen war das Stricken eine gute Möglichkeit, zu Hause zu arbeiten und Geld zu verdienen – die

Zur Geschichte der Handstrickmaschine

Bereits im 16. Jahrhundert entwickelte der Geistliche William Lee den ersten Handwirkstuhl, um seiner Frau die Heimarbeit zu erleichtern. Die erste handbetriebene Flachstrickmaschine, deren Grundprinzip bis heute beibehalten wurde, erbaute 1863 der Amerikaner Isaac William Lamb. Zwei Jahre später bewältigte seine Weiterentwicklung bereits dreissig Strickarten und erzielte eine Leistung von bis zu 4000 Maschen pro Minute. In den folgenden Jahren wurde die Technik verfeinert, indem die Maschinen immer mehr Arbeitsschritte wie das Erweitern oder Mindern übernahmen oder ein Verfahren zur Fersenbildung entwickelt wurde, sodass um 1888 vollständige Strümpfe per Maschine hergestellt werden konnten. Wichtige Beiträge leistete das Schweizer Strickmaschinenwerk Dubied, gegründet 1867 vom Ingenieur Henri Edouard Dubied (1823–1878), der an der Weltausstellung in Paris das Patent von Lamb übernahm. Dubied produzierte in Couvet NE als erste Fabrik in Europa Strickmaschinen. Erst 1987 stellte das Werk die Produktion definitiv ein.

meisten hatten ja keine Ausbildung, und Stellen für Frauen gab es kaum. Mir gefiel es, im ganzen Bernbiet herumzukommen und dabei ganz verschiedene Menschen kennenzulernen. Einmal führte mich die Arbeit sogar in den Sedel, das Luzerner Gefängnis, wo ich einem Aufseher und einem Häftling das Sockenstricken per Maschine beibrachte. Und ich verdiente erst noch gut: Dubied bezahlte meine Reisespesen und pro Kurstag zehn Franken – ein Lohn, um den mich einige beneideten.

Erst in den Siebzigerjahren verkaufte ich meine Strickmaschine – und bereute es bald. Mit 52 hatte ich eine Streifung und musste mühsam alles wieder lernen, auch das Stricken. Die Handarbeit ermöglichte mir einen kleinen Verdienst, doch bald dünkte mich das Stricken von Hand zu langsam, und ich erstand einen Strickapparat Marke «Passap». Dieser leistete mir gute Dienste, bis ich vor einigen Jahren das Maschinenstricken wegen Rückenschmerzen aufgeben musste. Heute stricke ich nur noch ein wenig von Hand und bin froh, dass meine Hände und Augen noch mitmachen. Dass Selbstgestricktes in letzter Zeit wieder in Mode kommt, freut mich natürlich.

Guter Geist im Hintergrund

Den ganzen Tag waschen, bügeln, putzen, ganz alleine in einer grossen Villa – Annie Borgert hat wenig wirklich schöne Erinnerungen an ihre drei Jahre als Dienstmädchen. Danach wusste sie dafür, wie wichtig ihr der Kontakt mit Menschen war.

Annie Borgert-Tobler

wurde am 4. August 1926 geboren und wuchs in Zürich auf. Mit 14 trat sie ihre erste Stelle als Dienstmädchen an, später arbeitete sie als Buffet- und als Serviertochter. 1954 heiratete sie. Angeregt von ihrem Mann, der Klarinette und Gitarre spielte, lernte Annie Borgert Schlagzeug spielen, was zu ihrer grossen Leidenschaft wurde. Sie gründete ihre eigene Kapelle, die Red Lions, und ist bis heute Passivmitglied bei der Guggenmusig Elfefröschli. Annie Borgert hat einen Sohn und ist zum zweiten Mal verwitwet.

Eigentlich wäre ich gerne Verkäuferin geworden, doch ich war erst vierzehn Jahre alt, als ich mit der Schule fertig war, und noch zu jung für diese Ausbildung. So kam ich 1940 als Dienstmädchen in eine Villa an der Zürcher Tièchestrasse. Dr. Max Tièche, ein Pionier auf dem Gebiet der Haut- und Geschlechtskrankheiten, war 1936 gestorben, und seine Witwe, ebenfalls Ärztin, lebte mit ihrer 14-jährigen Tochter allein in dem grossen Haus.

Ich habe bis heute nicht verstanden, wieso mich die Mutter einfach zur Frau Doktor geschickt hat. Wegen des Geldes? Ich verdiente ja im ersten Jahr bloss 25 Franken im Monat. Aber klar, zu Hause hatten sie nun einen Kostgänger weniger und mehr Platz – meine Eltern, mein Bruder und ich wohnten in einer Vierzimmerwohnung in Zürich-Altstetten, in der auch noch die Sattler-Werkstatt meines Vaters untergebracht war.

Die Frau Doktor ging am Morgen aus dem Haus in ihre Praxis am Paradeplatz, das Mädchen besuchte die Höhere Töchterschule, und beide kamen erst am Abend wieder zurück. Ich war die einzige Angestellte und blieb allein zurück. Das Haus war gross und kalt, es herrschte Krieg, man sah kaum jemals ein Auto auf der Tièchestrasse. Manchmal musste ich Hausierer abwimmeln, obwohl es eine Tafel vor dem Haus gab: Hausieren verboten. Angst hatte ich nicht, aber die Verantwortung war gross, und ungemütlich war es, besonders im Winter, denn die zehn Zimmer wurden kaum geheizt.

Ich hatte mich um den Haushalt zu kümmern. Ich musste die Wäsche besorgen – von Hand vorwaschen, kochen, aufhängen und mit einem kleinen Bügelofen, der mit Kohle geheizt wurde, glätten –, in den Zimmern abstauben, alles sauber halten, die Fenster und Läden putzen, im Winter Schnee schaufeln. Einen Boiler gab es nur im Badezimmer im ersten Stock, das Abwasch- und Putzwasser erhitzte ich auf dem Herd. Am Mittag kochte ich mir eine Suppe, das Brot, das im Krieg rationiert war, hatte ich schon im Laufe des Morgens gegessen.

Abends kochte die Frau Doktor. Wenn sie Besuch hatten, gab es meist etwas mit Teigwaren. Löffelweise schöpfte sie mir meine Portion, als Dienstmädchen hatte ich in der Küche zu bleiben. Normalerweise arbeitete ich bis etwa um 20 Uhr, wenn Besuch kam, musste ich warten, bis das Geschirr in die Küche kam, da konnte es 22 Uhr werden, bis ich Feierabend hatte. Ich schlief in einem kleinen, ungeheizten Kellerzimmer neben der Waschküche, dort mummelte ich mich in die Decken ein und las. Die Frau Doktor hatte eine grosse Bibliothek und lieh mir Bücher aus. Ich habe immer gern gelesen, auch heute noch.

Nach drei Jahren Dienstmädchen-Dasein hatte ich genug. Die Frau Doktor war nett, sonst wäre ich nicht so lange geblieben. Aber ich vermisse meine Familie, die ich nur jeden zweiten Sonntag sah, wenn ich freihatte. Ich fühlte mich einsam und war froh, als ich gehen konnte. Zuerst arbeitete ich ein paar Wochen im freiwilligen Landdienst, wo es mir sehr gut gefallen hat. Schliesslich fand ich Arbeit als Buffettochter in einem Café und wohnte wieder zu Hause bei meiner Familie.

Das Dienstmädchen

Bis Mitte des 20. Jahrhunderts gab es in den Haushalten des gut situierten Bürgertums, aber auch im Kleinbürgertum relativ viele Dienstboten. Die Mehrheit dieser Angestellten waren Mädchen und Frauen aus der ländlichen und städtischen Unterschicht. Die Dienstmädchen putzten, kochten, wuschen, gingen einkaufen, empfingen den Besuch, betreuten die Kinder und hatten, ohne dass es jemand wissen musste, nicht selten auch die erotischen Wünsche des Hausherrn zu befriedigen. Die Arbeitszeit betrug bis über 16 Stunden täglich, Entlöhnung, Kost und Logis galten als karg. Viele Dienstmädchen hatten kein eigenes Zimmer, meist teilten sich mehrere Mädchen eine Kammer, oder sie schliefen in der Küche. Die Dienstmädchen genossen keinen wirksamen gesetzlichen Schutz. Versuche, Arbeitszeitregelungen und ein Ruhetagsgesetz einzuführen, scheiterten zu Beginn des 20. Jahrhunderts am Widerstand der bürgerlichen Frauenvereine. Erst nach dem 2. Weltkrieg verbesserte sich die Situation der Dienstmädchen, die fortan Haushaltshilfe oder Haushälterin genannt wurden.

Mit 22 Jahren beschloss ich, daheim auszuziehen. Immer noch musste ich meinen ganzen Lohn der Mutter abgeben, das passte mir nicht mehr. Also ging ich weg, möglichst weit weg von Zürich, und das Weiteste war Genf. Drei Jahre blieb ich dort, habe Französisch gelernt und die Zeit genossen. Zurück in Zürich, arbeitete ich eine Weile als Serviertochter. Damals hatte man einen Grundlohn von 25 Franken, den Rest musste man mit Trinkgeld verdienen, das konnten dann bis zu 400 Franken sein. Viel Trinkgeld kriegte man, wenn man nichts gegen den nahen Kontakt mit Männern hatte. Manche waren nämlich ziemlich zudringlich, und viele Patrons sahen es ungern, wenn man keine Freude daran hatte, denn es war gut fürs Geschäft. Mir sagte das aber nicht zu.

1952 eröffnete die Migros Limmatplatz die erste Imbissecke. Dort lernte ich 1952 meinen Mann kennen. Nach der Geburt unseres Sohnes habe ich drei Jahre lang nicht gearbeitet, danach Teilzeit. Meine letzte Stelle war die schönste. Im Personalcafé der Schweizer Familie machte ich Birchermüesli, Brötchen oder buk Kuchen und wurde von den Leuten richtig geschätzt. Für Samichlaus oder Weihnachten konnte ich Dekorationen kreieren, ich war sehr selbstständig, das gefiel mir sehr.

Als die Kühe den Pflug zogen

Während des Zweiten Weltkriegs erlebte Bauernbub Arthur Herzog den Überlebenskampf der Schweizer Bevölkerung hautnah mit. Die Not machte erfinderisch, und so wurden Kühe vor den Pflug gespannt. Eine harte Zeit für Mensch und Tier.

Arthur Herzog
kam am 5. Oktober 1928 als einziges Kind der Bauersleute Hans und Lina Herzog-Schreiber aus Wegenstetten AG zur Welt. Er wuchs auf einem Bauernhof im Dorfkern auf und besuchte dort auch die Schule. 1953 Heirat mit Melita Hasler. 1976 Bau des neuen Hofes in Hellikon AG, wo die Familie Milchwirtschaft und Ackerbau betrieb. 1995 übernahm der älteste Sohn den Hof und das Paar zog ins umgebaute Elternhaus von Melita Herzog-Hasler. Arthur und Melita Herzog haben drei Söhne und drei Töchter sowie 13 Enkel und eine Urenkelin.

■ Ich hatte eine schöne Jugend. Als einziger Sprössling meiner Eltern musste ich allerdings sehr viel auf unserem Bauernhof mithelfen. Wenn ich daran denke, wie viel wir Kinder arbeiteten – heute wäre das verboten.

Unsere Familie bewirtschaftete fünf Hektaren Land in Wegenstetten AG. Heutzutage ist das wenig, doch damals, als sämtliche Arbeiten von Hand erledigt wurden, hätte man gar nicht mehr Land bestellen können. Jetzt ist das natürlich ganz anders. Mein ältester Sohn, der den Hof übernommen hat, welchen meine Frau

Melita und ich gebaut haben, bewirtschaftet zusammen mit seiner Frau und seinem Sohn 22 Hektaren Land, zusätzlich halten sie 2000 Hühner und haben erst noch einen Nebenerwerb. Während meiner Jugend in den 1930er- und 1940er-Jahren wäre das undenkbar gewesen.

Bereits als Erstklässler half ich auf dem Feld mit. Als ich nach der Schule nach Hause kam, musste ich jeweils rasch zu Mittag essen. Meine Mutter mahnte mich immer zur Eile, da ich meinem Vater das Essen aufs Feld bringen sollte. Weil es noch kein Warmhaltegeschirr gab und die Mahlzeit in einem gewöhnlichen Topf transportiert wurde, musste ich den rund zwei Kilometer langen Weg zum Feld jeweils fast rennen, damit die Speisen noch warm bei Vater ankamen.

Während des Krieges war es sowieso selbstverständlich, dass die Kinder arbeiteten. Mit der Generalmobilmachung nach Ausbruch des Zweiten Weltkrieges am 1. September 1939 musste mein Vater Hans in den Aktivdienst einrücken. Er wurde nach Grindelwald BE ins Hotel Regina abkommandiert, das zu einem Spital umfunktioniert worden war. Dort operierte man auch seine beiden Leistenbrüche.

Für uns Daheimgebliebene begann eine harte Zeit, weil die ganze Arbeit nun Frauen, Kinder und Alte zu verrichten hatten. Alles nach der Devise: «Keiner zu klein, ein Helfer zu sein». Ich musste morgens die Kühe melken, dann ging ich zur Schule, nachmittags pflügte ich, fuhr den Mist weg, und abends melkte ich die Kühe wieder. Auch bei einer anderen Familie half ich beim Melken, weil der Sohn ebenfalls im Dienst war. Und daneben mussten auch noch Hausaufgaben gemacht werden.

Dazu kam der Mehranbau: Um die Bevölkerung mit ausreichend Lebensmitteln versorgen zu können, brauchte es zusätzliche Ackerflächen. Während in den Städten Parks und andere Grünflächen als Äcker genutzt wurden, wurden auf dem Land Wiesen urbar gemacht. Doch diese zusätzlichen Ackerflächen mussten zuerst geschaffen beziehungsweise gepflügt und danach bewirtschaftet werden. Das war nicht so einfach: Zwar gab es rund um Wegenstetten reichlich Wiesland, doch war dieses meist hügelig und eignete sich daher nicht so gut für den Ackerbau. Diese Wiesen urbar zu machen, war ziemlich mühselig. Somit fiel mehr Arbeit an als vor dem Krieg. Weil meine Mutter kränklich war, half zu Beginn mein Grossvater mit. Doch er starb im ersten Kriegsjahr, und wir mussten Tagelöhner anstellen.

Es fehlten allerdings nicht nur die Männer, sondern auch die Pferde. Wohl besass die Armee Pferde, doch nach Kriegsausbruch wurden mehr benötigt. Also holte man die jungen, kräftigen Tiere von den Bauernhöfen weg. Den Bauern blieben keine oder nur die alten. In einem Buch habe ich nachgelesen, dass während des Zweiten Weltkrieges in der Schweizer Armee 430 000 Männer ihren Dienst verrichteten sowie 12 000 Motorfahrzeuge und 42 000 Pferde eingesetzt wurden.

Da meine Eltern weder Pferde noch Motorfahrzeuge besassen, setzten wir die Kühe als Zugtiere ein. Das Fuhrwerken mit den Kühen machte mir Freude. In gemächlichen Schritten zogen die Tiere den Wagen, den Pflug oder die Egge. Natürlich gewährte man den Tieren auf dem Feld auch Ruhezeiten und stellte sie in den Schatten eines Baumes. Für uns war das dann die Essenspause. So versammelten sich Mensch und Tier als Familie. Rückblickend tun mir die Kühe jetzt noch leid: Am Morgen sollten sie Milch liefern, tagsüber mussten sie auf dem Feld schuften, und am Abend sollten sie nochmals Milch geben.

Versorgung im Zweiten Weltkrieg

Im Gegensatz zum Ersten Weltkrieg (1914 bis 1918) war die Schweiz besser auf den Zweiten Weltkrieg (1939 bis 1945) vorbereitet. In der Zwischenkriegszeit hatte die Inlandproduktion diversifiziert und gesteigert werden können. So gab es 1939 36 Prozent mehr Fleisch, 49 Prozent mehr Brotgetreide und 63 Prozent mehr Kartoffeln als 1914. Demgegenüber war die Bevölkerung im selben Zeitraum nur um 13 Prozent gewachsen.

Im November 1940 forderte Friedrich Traugott Wahlen, der Chef der Abteilung für landwirtschaftliche Produktion und Hauswirtschaft im Eidgenössischen Kriegsernährungsamt (Wirtschaftliche Landesversorgung), ohne vorherige Absprache mit seinen Vorgesetzten öffentlich eine Erhöhung der Ackerbaufläche auf bis zu 500 000 Hektaren. Im Rahmen der daraufhin folgenden sogenannten Anbauschlacht wurde die Ackerbaufläche durch Umwandlung von Wiesen zu Äckern, Rodungen, Meliorationen, Industriepflanzwerke sowie die Förderung der Kleinpflanzer von 183 000 bis zum Jahr 1945 auf 325 000 Hektaren erhöht. Die Selbstversorgung blieb jedoch ein unerreichtes Ziel. Immerhin aber stieg der Selbstversorgungsgrad von 52 auf 59 Prozent. Dies war jedoch nur möglich durch die gleichzeitige Senkung der durchschnittlichen täglichen Kalorienmenge von 3200 auf 2200 kcal pro Person.

Sommerferien, wie man sie heute kennt, hatten wir keine. Bei uns gabs Heu- und Emdferien. Sobald das Wetter schlecht war, mussten wir aber wieder die Schule besuchen. Das war nur möglich, weil auch der Lehrer im Dorf wohnte. Kaum schien die Sonne wieder, gings erneut ab auf Feld und Wiesen.

Hunger leiden mussten wir vor, während und nach dem Krieg glücklicherweise nie, denn auf dem Land lebten die Menschen weitgehend als Selbstversorger. Kartoffeln gabs reichlich. Die Frauen mischten jeweils Kartoffelstock in den Brotteig, damit das Brot länger weich blieb. Das war wichtig, denn in den Kriegsjahren durfte man nur Brot essen, das mindestens zwei Tage alt war.

In der Stadt war die Versorgungslage bedeutend angespannter, und so gaben wir unseren Verwandten immer wieder Schweineschmalz mit, den sie zum Braten, für die Rösti oder als Brotaufstrich verwendeten. Auch andere Lebensmittel konnten sie mit heimnehmen, denn die Taschen wurden nicht kontrolliert. Auf diese Weise konnten die Städter ihre Lebensmittelrationen aufbessern.

Im November wurde jeweils eine Sau geschlachtet. Der Fleischschauer wog das Fleisch – und zog das Gewicht an den Lebensmittelmarken ab. Während heutzutage nur das sogenannt bankwürdige und damit einwandfreie Fleisch zum Verzehr freigegeben wird, verzehrten in meiner Jugend die Bauern auch das bedingt bankwürdige Fleisch. Damit hatten wir zwar genügend Fleisch, aber gleichzeitig auch ein Problem. Denn einen Kühlschrank oder gar einen Tiefkühler hatten wir damals nicht, also musste das Fleisch auf andere Weise haltbar gemacht werden.

Nach der Schlachtung des Tiers wurde es darum eingebeizt und in Büchsen abgefüllt. Eine weitere Möglichkeit war, es anzubraten und nachher in Büchsen aufzubewahren. Oder man ass morgens, mittags und abends Fleisch, was einem ziemlich schnell zu viel wurde. Stierkälber hatten damals ein kurzes Leben, denn sie wurden bereits im zarten Alter von zwei Wochen geschlachtet und verwurstet. Dies aus dem einfachen Grund, weil die Milch der Mutterkühe gebraucht wurde.

Es war für uns alle – Mensch und Tier – eine harte Zeit. Doch nebst all der Arbeit, die wir zu verrichten hatten, liess man uns Kindern natürlich auch Zeit zum Spielen. Vor allem im Winter, weil es da weniger zu tun gab.

Im Sommer durften wir ebenfalls immer wieder spielen, zum Beispiel Fussball auf der Strasse. Das war zu dieser Zeit kein Problem, denn Autos gabs bei uns praktisch keine. Nur der Doktor besass eines, und ein paar Mal am Tag kam das Postauto. Im Winter waren Schlitteln, Skifahren oder Schlittschuhlaufen angesagt.

So viel uns die damalige Zeit abverlangte, sie hatte auch ihre Vorteile für die Bauern. So konnten sie die landwirtschaftlichen Produkte zu kostendeckenden Preisen verkaufen. Und es wäre niemandem in den Sinn gekommen, Äpfel nicht zu erwerben, nur weil sie Schorfflecken hatten. Auch fragte keiner, ob die Milch nach dem Melken unverzüglich gekühlt worden war. Und Dinge, die heute im Abfall landen, wurden ganz selbstverständlich verwendet und verzehrt. So etwa Apfelsorten wie Süssäpfel oder Basler Reinette, die wir auch Mistäpfel nannten.

Eine Berufsausbildung konnte ich leider nie absolvieren, da meine Mutter krank war und ich zu Hause bleiben musste. So versuchte ich, mir die landwirtschaftlichen Kenntnisse durch den Besuch einzelner Kurstage anzueignen. Trotz all der Entbehrungen war meine Jugend eine schwere und zugleich schöne Zeit, an die ich mich gerne erinnere.

Vom schwarzen Handwerk

Hansruedi Jost kommt aus einer Kaminfeger-Familie und sorgte in Aarau jahrzehntelang für saubere Kamine und Öfen. Vor allem zu Beginn seiner Berufskarriere war das Handwerk mit grossen körperlichen Anstrengungen und sehr langen Arbeitszeiten verbunden.

Hansruedi Jost

wurde am 29. März 1934 in Aarau geboren und wuchs zusammen mit Schwester Alice auf. 1950 begann er eine Lehre im väterlichen Kaminfeger-Betrieb. 1958 Meisterprüfung und Heirat mit Dorli Lütold und in den folgenden Jahren Geburt zweier Söhne und einer Tochter. 1994 Scheidung. Im Jahr 1965 übernahm Jost den väterlichen Betrieb und wurde vom Aargauer Versicherungsamt als Kaminfegermeister und Feuerschauer eingesetzt. 1998 Pensionierung. Hansruedi Jost wohnt mit seiner Lebenspartnerin in Aarau und hat vier Enkelkinder.

Bereits als Kind arbeitete ich im väterlichen Kaminfeger-Betrieb mit und musste mich an freien Nachmittagen beispielsweise um neue Aufträge kümmern. Ich schritt dafür die Strassen ab, ging von Haus zu Haus und vereinbarte mit den Bewohnern Termine. Für ein kleines Haus plante ich ungefähr eine Stunde Arbeit ein, für ein grosses etwa zwei. Zudem musste ich einen Teil der Rechnungen schreiben.

Zwar verfügten wir schon damals über einen Telefonanschluss, doch mein Vater war sehr sparsam. Es war daher nicht ungewöhnlich, dass er mich nach

Feierabend mit dem Velo durch die ganze Stadt schickte, um einen neuen Termin zu vereinbaren, nur damit er zehn Rappen Telefongebühren sparen konnte.

In der Lehre, die ich 1950 bei meinem Vater Willy antrat, ging es hart zu und her. Zu Beginn bedeutete dies sehr strenge Zucht, was für mich nicht immer einfach war. Doch später lernte ich die erworbenen Fähigkeiten – Tüchtigkeit, Zuverlässigkeit, Pünktlichkeit – schätzen. Die Ausbildung bei meinem Vater war eine Lebensschule, die mich für alle Zeiten prägte.

Anfang der 1950er-Jahre war noch etwa die Hälfte aller Häuser in Aarau nur mit einer Ofenheizung ausgerüstet. Bei der Arbeit musste ich deshalb sorgfältig darauf achten, dass ich möglichst wenig Schmutz hinterliess. Oft trug ich drei Meter lange Rohre der in den Stuben stehenden Heizöfeli aus dem zweiten oder dritten Stock hinunter auf die Strasse, um sie zu reinigen. Wenn in derselben Strasse gleichzeitig mehrere Kaminfeger am Werk waren, entstand so manchmal ein regelrechtes Klopfkonzert. Natürlich galt es auch im Treppenhaus aufzupassen, dass ich den Dreck nicht bereits dort verlor. Besonders heikel waren die Einsätze in der Apotheke, der Papeterie, der Seidenbandweberei oder bei Chocolat Frey: Hier hätte unsaubere Arbeit grossen Schaden angerichtet. Trotzdem machte mir die Öfeli-Arbeit am meisten Spass, weil ich dabei mit den Leuten in Kontakt kam.

Bis ein Industrieofen sauber war, fegte man drei bis vier Stunden lang. Aus den in der Regel mit Anthrazit oder Koks beheizten Heizkesseln trugen wir tonnenweise Russ heraus. Viele Gebäude verfügten damals über Schliefkamine, und der Schornsteinfeger war gezwungen, den Kaminschlot hinaufzusteigen. Mundtuch und Feghaube schützten lediglich vor dem Gröbsten, und eine Taschenlampe war die einzige Lichtquelle. Für gewöhnlich stand der Arbeitgeber genüsslich vor dem Haus und wartete, bis der Besen des Lehrlings oben aus dem Schlot ragte. In Privathäusern erfolgte der Einstieg in den Kamin dagegen häufig durch die sogenannte Rauchhurd in der Küche.

Handschuhe duldete mein Vater bei der Arbeit nicht, das sei die weiche Tour, meinte er. Das änderte sich erst in fortgeschrittenem Alter – dann konnte sogar er sich nicht mehr vorstellen, ohne Handschuhe zu Werke zu gehen. Doch nicht nur die Arbeit war hart, sondern auch die Arbeitszeiten. Am Anfang meiner Karriere begann der Arbeitstag um 5 oder 6 Uhr und zog sich bis um 19 Uhr hin. An fünfeinhalb oder sechs Tagen der Woche, wohlverstanden. Gab es einen Notfall beziehungsweise einen verstopften Ofen, musste zudem die Mittagspause geopfert werden.

Sämtliche Wege bewältigte ich mit dem Velo; das Arbeitsmaterial hängte ich entweder um oder lud es in den Anhänger. Erst 1958, nach der Meisterprüfung, fragte ich meinen Vater, ob ich mir für die Arbeit ein Auto kaufen dürfe. Er fand zwar, das lohne sich nicht, liess mich aber gewähren. So erstand ich einen Vauxhall Victor, und bald darauf gehörten zu unserem Geschäft drei Fiat 500 Giardiniera, kleine Kombis also.

Nachdem er 1956 bei der Kontrolle eines Kamin-Neubaus abgestürzt war und sich den Rücken gebrochen hatte, lag mein Vater monatelang im Gipsbett. Daraus ergab sich eine grössere Selbstständigkeit für mich, und 1965 trat Vater nach genau 40 Dienstjahren zu meinen Gunsten zurück. Die Aargauer Brandversicherung wählte mich in der Folge zu seinem Nachfolger als Kaminfegermeister und Feuerschauer. Als Feuerschauer musste ich neue Öfen, Kamine sowie Öltanks auf deren Feuersicherheit prüfen. Nun war ich als Kaminfeger ganz allein verantwortlich für Aarau. Beim

---

Der Kaminfeger als Glücksbringer

Als eigenständiger Beruf ist der des Kaminfegers vergleichsweise jung. Erst mit der Erfindung der Rauchfänge beginnt auch dessen Geschichte. Historische Aufzeichnungen aus dem 14. Jahrhundert lassen darauf schliessen, dass die ersten Kaminfeger Italiener waren. 1661 liessen sich etwa in Basel erste Kaminkehrer aus Locarno nieder, und erst danach erlernten auch Einheimische das schwarze Handwerk. Anno 1705 durften sich die Schornsteinfeger, deren Tätigkeit zuvor als anrüchig und ehrlos galt, der Zunft zu Spinnwettern anschliessen, der beispielsweise auch Küfer, Holzhändler, Gipser, Steinmetze oder Zimmerleute angehörten.

Bevor es verlängerbare Ruten-Besen gab, mussten dreizehn-, vierzehnjährige Kinder – die meist aus dem Tessin, aus Savoyen, Piemont und Graubünden geholt und oft wie Sklaven gehalten wurden – die engen Kamine hochklettern und sie vom Russ befreien. Der Ruf des Kaminfegers als Glücksbringer soll unter anderem auf der Erkenntnis beruhen, dass er durch seine Arbeit Feuersbrünste verhindert und damit Haus und Hof schützt.

täglichen Gang durch meine geliebte Stadt stellte ich mir immer und immer wieder die Frage, ob in diesem oder jenem Haus wohl wirklich alles in Ordnung sei, ob ich nichts vergessen oder übersehen hätte. Die Feuersicherheit war mir oberstes Gebot, auch wenn mich manche deshalb für einen Pedanten hielten. Das Faszinierende an meiner Arbeit war, dass ich sämtliche Häuser in Aarau kannte. Ich wusste von allen 4500 Gebäuden die Adresse auswendig, konnte deren Heizanlage beschreiben.

In den 1960er- und 1970er-Jahren war ich für rund 2500 Häuser mit Ölheizung, ungefähr 1000 Gebäude mit einer Gasheizung sowie etwa 500 Häuser mit Zimmeröfen verantwortlich. Dazu kamen grob geschätzt 50 industrielle Grossanlagen, die inzwischen nicht mehr existieren. Heute gibt es in Aarau schätzungsweise 1000 Ölheizungen, die restlichen Bauten werden mit Gas oder Fernwärme beheizt. Die Hauptaufgabe des Kaminfegers besteht nun weniger in der Reinigung als in der Kontrolle der Anlagen.

Als ich die Lehre begann, beschäftigte Vater sieben bis acht Gesellen. Und die Arbeitszeit lag um gut 50 Prozent höher als später in meinen Meisterjahren. Durch die technische Modernisierung schrumpfte das Arbeitsvolumen im Laufe der Jahre derart zusammen, dass mir 1998, in meinem letzten Aktivjahr, zwei Mitarbeiter genügten. Der Rückgang der Industrie in Aarau, neue Heizanlagen, Zentral- und Fernheizungen sowie moderne Öl-, Gas- und Alternativheizungen erforderten viel weniger Arbeitsleistung als früher. Doch obwohl immer weniger Personal gebraucht wurde, herrschte stets Arbeitskräftemangel. Nur indem ich eigene Lehrlinge ausbildete, gelang es mir knapp, immer genügend Angestellte zu haben. Und auch heute noch kämpft der Berufsstand des Kaminfegers mit Nachwuchsproblemen.

Meine Söhne erlernten zwar beide den Beruf des Kaminfegers, wollten aber nach meiner Pensionierung den Betrieb nicht übernehmen. Ich akzeptierte ihren Entscheid. Mein Vater war extrem streng gewesen, und ich hatte zu ihm kein sehr gutes Verhältnis. Mit meinen eigenen Kindern wollte ich daher in Frieden leben und eine freundschaftliche Beziehung pflegen. Sie sollten ihren Weg frei wählen dürfen. Aber auch so habe ich für meinen Betrieb einen guten, gefreuten Nachfolger heranziehen können. Wegen der Modernisierungen sichert die Stadt Aarau die Existenz eines Kaminfegers jedoch nicht mehr, weshalb mein Nachfolger ein grösseres Revier anstrebt, als ich es hatte.

Weil es im Sommer weniger Arbeit gab als im Winter, konnte ich in dieser Jahreszeit eher einen Tag in der Woche freimachen und meiner Leidenschaft nachgehen, dem Segeln. Damit knüpfte ich an meine Vergangenheit als Sportler an, denn als junger Mann war ich sieben Mal Schweizer Meister im Hammerwerfen sowie einmal Schweizer Mannschaftsmeister gewesen. Auch hatte ich den Schweizer Rekord im Hammerwerfen von 51,26 auf 61,93 Meter verbessert, was heute noch Aargauer Rekord bedeutet. Und ich durfte 1960 an den Olympischen Spielen in Rom sowie 1962 an der Europameisterschaft in Belgrad teilnehmen. Meine Sportlaufbahn endete 1965 mit der Übernahme des Geschäfts. Seit 1970 bin ich begeisterter Segler und besitze sogar den Hochsee-Segelschein.

Als Spätfolge meiner beruflichen Tätigkeit leide ich heute an einem Lungenemphysem, also einer Überblähung der Lunge beziehungsweise der Lungenbläschen. Dadurch bin ich sehr kurzatmig geworden. Ich habe zwar stets viel Geld für Atemschutzmasken ausgegeben, aber offenbar hat das nicht gereicht. Es ist aber auch nicht erstaunlich, wenn man bedenkt, dass ich noch am Montag schwarz spuckte, wenn ich am Freitag einen Industrieofen gefegt hatte.

In späteren Jahren sagte mir mein Vater, er mache sich Vorwürfe, weil er seinen Buben in diese schwere und schmutzige Arbeit hineingezogen habe. Dieselben Gedanken machte ich mir wegen meiner Söhne, aber Mitte der 1980er-Jahre, als sie bei mir in die Lehre gingen, herrschten zum Glück ganz andere Verhältnisse als während meiner Ausbildung in den 1950er-Jahren.

Heuen in Handarbeit

Während die Heuernte heutzutage von Maschinen besorgt wird, erledigte Margrit Buck-Stadler als heranwachsendes Mädchen zusammen mit ihrer Familie diese Aufgabe noch mühsam von Hand. Trotz der harten Arbeit hat sie diese Tage in bester Erinnerung.

Margrit Buck-Stadler

wurde am 11. August 1924 geboren und wuchs mit ihrer jüngeren Schwester Berta in Altdorf UR auf. Nach der Schule wäre sie gerne Lehrerin geworden, musste aber darauf verzichten. Bald fand sie Arbeit als Sekretärin und belegte Kurse an der kaufmännischen Berufsschule. 1945 Heirat mit Josef Buck. Zwischen 1948 und 1969 gebar sie fünf Söhne und sechs Töchter, wovon der Jüngste 1970 mit zehn Monaten starb. Inzwischen hat Margrit Buck-Stadler zehn Enkel und sieben Urenkel. Sie ist seit 1987 verwitwet und wohnt noch heute in ihrem Elternhaus in Altdorf.

Zu meinem Elternhaus in Altdorf gehörte ein Grundstück von gut einer halben Hektare. Auf diesem Wiesland standen viele Obstbäume und ein Stall. Wir besassen etliche Tiere: Schafe, ein Schwein, Hasen, Hühner, Gänse, Katzen, natürlich einen Wachhund und auch Bienen.

Mein Vater arbeitete in der Eidgenössischen Munitionsfabrik in Altdorf. Darum konnte er die Arbeit, welche mit dem Land, den Bäumen und den Tieren anfiel, nur früh am Morgen, abends nach der Fabrikarbeit und am Samstagnachmittag erledigen. Das verlangte eine gute Arbeitsplanung und Arbeitsteilung. So besorgte Vater das Mähen und Mutter, meine Schwester und ich das Worben (Ausstreuen) des Grases. Bei der Heuernte und auch beim Emd – dem zweiten Grasschnitt im Herbst – halfen uns ein Bruder meines Vaters, dessen Frau, eine langjährige Nachbarin sowie unsere Wohnungsmieterin. Die Heuernte wurde so geplant, dass an einem Samstagnachmittag «eingetragen» werden konnte. Schönes Wetter vorausgesetzt.

Zuerst holte Vater jeweils die ungefähr acht Meter lange Holzleiter aus dem Obergaden, dem oberen Teil des Stalls. Dort wurde sie bei längerem Nichtgebrauch auf der «Briigi» gelagert, einem zirka einen Meter breiten Steg aus dicken Holzbrettern. Anschliessend stellte Vater die Leiter an die Gadenwand (Stallwand), wo sie just den Einstieg zur «Briigi» erreichte.

Inzwischen hatten die Helfer mit dem «Schwarbnen» begonnen, dem Zusammenrechen des Heus zu Rollen. Vater legte dann zwischen den «Schwarben» ein spezielles Seil aus. Das Holzteil steckte er in den Boden, die beiden daran befestigten Seile legte er im Abstand von etwa fünfzig Zentimetern parallel zueinander aus. Dann stiess er die «Schwarben» mit der Heugabel zusammen und legte die so entstandenen lockeren Heukugeln auf die ausgelegten Seile, bis der Heuhaufen ungefähr eineinhalb Kubikmeter gross war. Danach zog er das Bündel mit den Seilen fest zusammen und verknotete diese. War dies geschehen, kniete er sich mit dem Rücken gegen den Heuballen und lud den «Binggel» (Heuballen) auf den Rücken.

Derart beladen marschierte Vater – mit einer Hand den Heuballen haltend – zum «Gaden» und stieg mit der freien Hand einhändig die Leiter hoch. Oben warteten der Onkel und ich und halfen ihm beim Abladen. Dann löste er die Seile und stieg ab, um den Arbeitsvorgang zu wiederholen.

Mein Onkel und ich bugsierten das Heu auf den Heuboden, der zu Beginn der Heuernte drei Meter tiefer lag. Mit jedem Heuballen verringerte sich die Distanz zum Boden. Von der «Briigi» aus mussten wir das Heu ganz locker «verzetten» (verteilen), damit es weiter auslüften konnte. War der erste «Binggel» versorgt, kam Vater schon mit dem zweiten. So ging die Arbeit, bis alles Heu im Obergaden war.

Die Frauen rechten in der Zwischenzeit nebst dem «Schwarbnen» die liegen gebliebenen Heureste zusammen, damit nichts verloren ging. War das Zusammenrechen beendet, machte Mutter das Zvieri parat. Es gab jeweils Brot, Wurst, Käse und Kaffee, für die Erwachsenen auch Bier und für die Kinder Sirup. So konnten sich alle nach getaner Arbeit beim gemütlichen Zusammensein im Freien etwas von der strengen Heuernte erholen.

Machte uns allerdings das Wetter einen Strich durch die Rechnung und zog ein Gewitter auf, bevor das Heu trocken genug war fürs Eintragen, mussten die «Heinzi» her. Das waren dicke, mit Sprossen gespickte Holzpfähle, die in den Boden gesteckt wurden. Auf diese Sprossen hängte man kleine Heuballen. Man begann unten, damit das Heu gegen oben hin überhing und das Regenwasser über die äusserste Schicht ablaufen konnte. So blieb der innere Teil des Heuballens trocken. Hatte sich dann das Wetter nach einem oder zwei Tagen gebessert, wurde das Heu auf dem Boden locker verteilt, damit es trocknen konnte. Danach verlief die Heuernte nach dem gewohnten Muster.

Ende der 1940er-Jahre baute ein findiger Verwandter einen einfachen Heuaufzug. Damit entfiel das schwere einhändige Transportieren die Leiter hinauf, und die Heuernte wurde etwas weniger streng. Später, als Vater nicht mehr genügend Kraft hatte, mähte ein Nachbar die Wiese mit der Maschine für uns. Vater konnte es nicht fassen, dass die Arbeit so nur gerade eine Stunde dauerte, während er zusammen mit uns zuvor stundenlang gebraucht hatte.

Heu ist nicht gleich Heu

Heuen ist Qualitätsarbeit, denn die Qualität hängt zu einem grossen Teil vom richtigen Zeitpunkt der Ernte ab. Wird das Heu zu früh geerntet, ist es noch nicht voll entwickelt. Erfolgt die Ernte jedoch zu spät, ist zwar der Ertrag höher, doch die Qualität schlechter. Der ideale Zeitpunkt für die Heuernte ist, wenn die meisten Gräser blühen. Dann nämlich steckt in ihnen die grösste Menge an verdaulichen Nährstoffen. Zudem ist auch ein guter Ertrag zu erwarten. Es stimmen also sowohl Qualität als auch Quantität des Heus. Ist das Gras schon zu reif, sind die Nährstoffe bereits in die Samen und die Knospenanlage gewandert, sodass sich im Heu kaum mehr Nährstoffe finden. Zudem ist solches Heu für das Vieh schwer verdaulich, weil die Halme sehr strohig und die Blätter verholzt sind. Angenehmer Nebeneffekt des rechtzeitigen Mähens der Wiese: Die Unkräuter konnten noch keine Samen bilden, was ihre Verbreitung vermindert.

Im Tal der Nagler

Mit Jahrgang 1917 ist Emil Schraner der letzte noch Lebende, der den Beruf des Nagelschmieds ausgeübt hat. Im aargauischen Sulztal hatte das Handwerk eine jahrhundertealte Tradition. Der Hochbetagte erinnert sich mit Freude.

Emil Schraner

wurde 1917 in Sulz AG geboren und wuchs mit zwei jüngeren Schwestern auf. Er wurde Nagelschmied und Kleinbauer. 1943 heiratete er Gertrud Fürstenberger aus Kaiseraugst. Als die Zunft der Nagler ausstarb, stieg er vollberuflich in die Landwirtschaft ein. Das Ehepaar Schraner hat fünf Kinder, sie sind 13-fache Grosseltern und zweifache Urgrosseltern. Seit Geburt wohnt Emil Schraner in Sulz. Seine weitesten Reisen führten ihn ans Nordkap und nach Russland.

Wie schon mein Vater und mein Urgrossvater wurde ich ganz selbstverständlich Nagelschmied. Auf eine andere Idee wäre ich damals gar nicht gekommen. Ich war etwa 16 Jahre alt, es muss 1933 gewesen sein, als mich mein Vater in das Handwerk einführte. Ich habe in Laufenburg die Gewerbeschule besucht, zwei Jahre lang je einen halben Tag pro Woche, eine richtige eidgenössische Lehre als Nagelschmied wurde jedoch erst drei Jahre später eingeführt.

Ziemlich sicher waren schon einige unserer Vorfahren Nagler, denn im Sulztal war das seit mehr als

300 Jahren der typische Männerberuf. Fast alle Nagelschmiede waren daneben auch Selbstversorger, also Kleinbauern. So auch wir. Vor dem Krieg gab es im Dorf rund 80 Nagelschmiede, die in etwa 25 Schmitten arbeiteten. Es gab Schmittli, in denen einer allein arbeitete, in andern waren sie zu viert. Gehörte einem die Schmiede nicht selber, bezahlte man einen Beitrag für die Nutzung und die Kohle.

In der Schmitte setzten die Männer mit ihren Füssen den riesigen Blasebalg in Bewegung, der den halben Raum einnahm, indem sie die Tretstangen betätigten – erst in den Fünfzigerjahren wurden die Blasebälge durch Ventilatoren ersetzt. In der Esse steckten die Vierkantstangen, die zu Weissglut gebracht wurden, bevor man sie zu Nägeln schmiedete. Zuerst wurde die Spitze des Nagels gehämmert, dann wurde die nötige Länge von der Stange abgezwackt und mit der Spitze voraus in die sogenannte Senkung gesteckt, eine Halterung. Nun folgten die Schläge, die Streiche, die den Kopf des Nagels formten. Ich habe, wie hier in Sulz fast alle, eigentlich nur Schuhnägel geschmiedet, also die Mugger, auch Mäuseköpfe genannt, oder die etwas komplizierteren Flach- und Firstkappennägel.

Die Kappennägel sind jene an der Sohlenkante, die Mugger jene auf der Sohlenfläche. Bei den Muggern gab es Sechs- und Achtstreicher, sie waren relativ einfach zu fertigen. Für einen Kappennagel brauchte ich dagegen 40 bis 42 Schläge. Ganz zum Schluss wurden die Nägel in einer Drehtrommel, ähnlich einer Buttertrommel, mit etwas Öl und etwas Hammerschlag – also Eisenpulver – ein paar Minuten lang gut vermischt. Dadurch bekamen sie eine Schutzschicht gegen Rost. Diese Nägel, die ich vor über fünfzig Jahren geschmiedet habe, sind auch heute noch ganz ohne Rost.

Die Naglerei war Schwerarbeit, aber wenn der Körper einmal darauf eingestellt war, ging es ganz flott. Der Hammer war ein Kilo schwer, und manchmal tat einem der Arm schon etwas weh, aber am andern Tag ging es gut wieder weiter. Notfalls schaltete man einen Ruhetag ein. Schnell kam die Routine, man hatte die Schläge so gut im Griff, dass man sie auch mit geschlossenen Augen hätte ausführen können. Die meisten Nägel wurden in einer einzigen Wärme geschmiedet, so der Fachausdruck, sie sind also noch rot glühend fertig geworden, nur selten musste man das Eisen nochmals aufwärmen. Die Hitze war weniger ein Problem, dafür umso mehr der Staub. Man sagt mir, meine heutigen Atembeschwerden kämen vom Rauchen, aber ich bin sicher, dass auch der Russ der Steinkohle ungesund war. In früheren Zeiten hat man die Glut übrigens mit Holzkohle erzeugt.

Etwa fünftausend Nägel habe ich pro Woche geschmiedet. Zehn Stunden Arbeit am Tag waren normal – und natürlich wurde auch den ganzen Samstag über gearbeitet, auch als viele Fabrikarbeiter am Nachmittag bereits freihatten. Nicht selten sind wir sogar nach dem Nachtessen nochmals in die Schmitte gegangen. Bei also 20 000 Nägeln pro Monat ergab das für mich vor dem Krieg einen Verdienst von 160 Franken pro Monat. Das war ganz anständig. Ein Lehrer verdiente damals rund 250 Franken, aber er hatte einen viel kleineren Selbstversorgungsanteil. Der Pfarrer, so weiss ich, bekam 2500 Franken im Jahr, allerdings hatte er dazu noch ein paar «Zückerli» wie etwa die freie Wohnung.

Unsere Nägel verkauften wir an die Nagelhändler, von denen es in Sulz eine Handvoll gab. Sie waren es auch, die uns das Eisen lieferten. Später entstand in Laufenburg eine Nagelschmiedezentrale, denn der Bund, der Hauptabnehmer, wollte nur mit einem einzigen Lieferanten verhandeln. Im Ersten Weltkrieg verdienten die Sulzer Nagelschmiede rund zehnmal weniger. Mein Grossvater sagte mir, er habe nach einem zehnstündigen Tag, wenn es gut gelaufen sei, 2.50 Franken im Sack gehabt. Damals kamen viele billige Nägel

---

Ein Handwerk stirbt aus – und lebt weiter

Noch vor ein paar Jahrzehnten stieg im aargauischen Sulz aus fast jedem Haus ein dünnes Räuchlein auf, und man hörte das helle Klopfen, wie es typisch ist, wenn der Hammer auf das glühende Eisen auf dem Amboss schlägt. Wahrscheinlich aus dem Schwarzwald wurde das Nagelschmiedehandwerk im 17. Jahrhundert ins Sulztal gebracht. Früher wurden alle Arten von Nägeln geschmiedet – Kistennägel, Tornägel, Schlossnägel, Ziernägel, Bandnägel, Baunägel, Cardnägeli –, doch später hatte Sulz das schweizerische Monopol für Schuhnägel und war Grosslieferant der Armee. Ab 1936 und für einige Jahre war Nagelschmied ein anerkannter Beruf mit einer 2½-jährigen Lehre. Nach einer letzten Blüte im Zweiten Weltkrieg starb dieses Handwerk aus. Fast! Eine initiative Trägerschaft hat 1987 in Sulz eine originalgetreue Schmitte hergerichtet. Interessierten wird dort die Kunst des Nagelschmiedens beigebracht, und es gibt auch Führungen. Info und Kontakt unter www.nagelschmiede-sulz.ch

aus der Tschechoslowakei und aus Jugoslawien, was im Zweiten Weltkrieg nicht mehr der Fall war.

O ja, wir haben alle gelebt, und gar nicht schlecht. Wir hatten Brot, Härdöpfel, Milch, Butter, auch Fleisch. Man hatte zwei Kühe, auch eine Sau, einen Garten, wir haben Weizen angebaut. Heute wird mit dem Luxus übertrieben. Ich sage oft, Europa und Amerika gehen einmal kaputt wie die Römer, die Griechen, die Ägypter – alle sind sie im Luxus untergegangen. Man müsste schon ein bisschen bremsen und zufriedener sein. Ich finde, man soll so viel verdienen, dass man seine Familie anständig durchbringen kann, mehr braucht es nicht. Man kann ja am Schluss sowieso nichts mitnehmen.

So richtige Unfälle, nein, die gab es nicht bei der Naglerei ... Jetzt, wo ich den Einwand meiner Frau höre, frage ich mich, ob ich es vielleicht einfach vergessen will, verdrängen, wie man heute sagt. Ich hatte nicht nur zwei Schwestern, sondern auch einen jüngeren Bruder. Er war vierjährig, als er in der Schmitte unbeaufsichtigt eine glühende Eisenstange aus dem Feuer gezogen hat. Seine Leinenkleider fingen Feuer, und er erlitt so starke Hautverbrennungen, dass man ihm nicht mehr helfen konnte. Nach zwei Tagen starb er. Es war eine Tragödie. Alle machten sich viele Vorwürfe. Damals hat man Kinder halt nicht jede Sekunde überwacht, man hat viel gearbeitet.

Anno 1940, das muss ich auch noch erwähnen, sind wir Nagler vom Militärdienst dispensiert worden. Nach ein paar Wochen schickte man uns wieder nach Hause. Der Nachschub an Nägeln für die Militärschuhe musste gesichert werden. Ein Jahr später wurden wir aber bereits wieder eingezogen. Die Maschinennägel und vor allem die neue Erfindung der Gummisohlen waren uns inzwischen eine grosse Konkurrenz geworden. Nagelschuhe waren nicht mehr das Modernste und tatsächlich ja auch eine rutschige Angelegenheit. Ich erinnere mich noch gut an einen feierlichen Aufmarsch in Solothurn, wo unsere Kompanie, das Gewehr geschultert, bei der Kathedrale abwärtsmarschierte und ich auf einem Schachtdeckel ausrutschte und «auf den Ranzen» fiel oder genauer gesagt und zum Glück: auf dem eigenen Tornister landete. Ich schämte mich wie ein Hund vor der Menge, auch wenn mich niemand kannte.

Wie die militärische Obrigkeit damals mit Untergebenen umging, zeigt dieses «Müsterli»: 1943 hatte ich für unsere Hochzeit einen Antrag auf sieben freie Tage gestellt. Der Hauptmann bewilligte nur sechs Tage, und als ich nachfragte, warum, empfand er dies als Frechheit. Er kürzte erbost auf fünf Tage hinunter. Unsere Ehe hat trotzdem gehalten, bis heute 67 Jahre!

Nach dem Krieg und vor allem in den Fünfzigerjahren ging es mit dem Nagelschmiedehandwerk rapide bergab. Es gab immer weniger Arbeit. Zum Glück boten die chemischen und andere Fabriken zunehmend neue Stellen. Ich habe noch bis 1960 genagelt. 1964 nahm ich in einem andern Dorfteil einen modernen Hof in Betrieb. Ein Dutzend Kühe, 11 Hektaren Land. An diesem Gut hing ich sehr, und als es keines unserer Kinder übernehmen wollte, habe ich es schweren Herzens verkauft. Das hat mir sehr weh getan. Wir zogen dann ins Dorfzentrum.

Hin und wieder, wenn ich Besuch habe wie jetzt, kippe ich eine Schachtel Nägel auf den Tisch und komme ins Schwärmen. Das war noch Kunsthandwerk! Es war eine gute Zeit, und es freut mich, dass im Dorf eine alte Schmiede originalgetreu aufgebaut wurde und alle Leute sehen können, wie und was im letzten Jahrhundert in Sulz gearbeitet wurde.

Wie bei Gotthelf selig

Gemeinsam mit ihrem Mann hat Hedy Bösch in den Siebziger- und Achtzigerjahren das Bürgerheim in Urnäsch geführt – keine leichte Aufgabe, eine Institution von damals in die Neuzeit zu führen.

Hedy und Hansjörg Bösch

wurden beide in Ebnat-Kappel geboren, wo sie auch heute wieder wohnen, er Jahrgang 1942, sie 1945. Beide kommen aus bäuerlichen Verhältnissen. Seit 1967 sind sie verheiratet. Er hat die Landwirtschaftliche Schule besucht plus Betriebsleiterkurse und war drei Jahre Aufseher in der Strafanstalt Realta in Cazis GR. Sie ist Heimpflegerin, diplomierte Bäuerin und hat berufsbegleitend eine Heimleiterinnenausbildung absolviert. Die beiden haben drei Kinder und sind sechsfache Grosseltern.

■ Wenn mein Mann und ich zuweilen zurückblicken, können wir es kaum glauben, dass es nur drei, vier Jahrzehnte her sind, als wir all das erlebt haben. Wir erinnern uns an Zustände, wie sie Jeremias Gotthelf hätte beschreiben können – der aber ist 1854 gestorben! Wir dagegen traten die Stelle als Heimeltern im damaligen Bürgerheim Urnäsch 1971 an. Wir durften die Institution in ein modernes Alters- und Pflegeheim überführen – ein tröstlicher Gedanke. Es war jedoch ein langer und schwieriger Weg: «Näbis isch guet gsi, anders nöd.»

Mein Mann leitete den Landwirtschaftsbetrieb mit 25 Hektaren Land, 40 Stück Vieh, Schweinemast und Kleintieren, und ich war für das Heim zuständig. Im gleichen Gebäude war auch unsere Privatwohnung untergebracht, ohne Kochgelegenheit und ohne WC.

Was uns bevorstehen würde, bekam ich bei meinem ersten Antrag zu spüren. Ich wünschte neues Geschirr, denn was wir vorfanden, war uraltes Ornamingeschirr. «Wieso das, es ging doch bis jetzt auch?» Das war die Reaktion des Präsidenten der Heimkommission. Ich wandte mich an den Pfarrer. Es war Ulrich Knellwolf, der später als Krimiautor berühmt wurde und an der Predigerkirche in Zürich wirkte. Er nahm eines dieser scheusslichen Beckeli und ging damit zum Präsidenten der Heimkommission und drohte, er werde in jeder Sonntagspredigt zur Kollekte aufrufen, bis der Fall gelöst sei. Das wirkte!

Ein grosses Übel war, dass man den Bewohnern kaum eine eigene Persönlichkeit zugestand und ihnen wenig Wertschätzung entgegenbrachte. Diese bis fünfzig Menschen waren eine illustre Gesellschaft. Aber statt hilfreicher Angaben für die Betreuung fanden wir über einzelne der «Insassen» in der Kartothek nur demütigende Angaben – mit Tinte in Schönschrift eingetragen: «lasterhaft», «liederlich», «arbeitsscheu», «Alkoholiker», «weggelaufen am», «zurückgekommen am», «kastriert». Da gab es zum Beispiel eine verbitterte Frau, die sich hinter der Brille und unter dem Kopftuch verkroch und die alle «d Hyäne» nannten, bis wir einschritten und dies nicht mehr duldeten: «Diese Frau hat einen Namen!» Danach blühte sie etwas auf.

Im Heim herrschte eine Dreiklassengesellschaft. Zuunterst waren jene, die schon seit Generationen Aussenseiter waren und in Heimen lebten, zum Beispiel im Waisenhaus aufgewachsen waren, minderjährig ein Kind bekamen, das sie, als es zwei Jahre alt war, im Waisenhaus abgeben mussten. Oder es waren psychisch Kranke, geistig und körperlich Behinderte, Menschen mit Downsyndrom, Sehbehinderte, Schwerhörige. Die «Mittelschicht» bildeten jene ohne sichtliche Behinderung, die oft aber verarmt und verwahrlost waren. Die Mehrbesseren waren die Pensionäre, die für Unterkunft, Verpflegung und Betreuung ein Kostgeld aus dem eigenen Sack bezahlten. 1974 waren das pro Tag zum Beispiel 13 Franken. Und sie mussten im Gegensatz zu den andern nicht in Haus und Hof mitarbeiten.

Wer von der Gemeinde zugewiesen wurde, erfuhr lange eine besondere Ungerechtigkeit. Die AHV-Rente wurde vom Heim einbehalten für Kost und Logis. Lediglich ein Taschengeld wurde ausbezahlt – je nach Arbeitsleistung zehn bis achtzig Franken pro Monat. Was übrig blieb, floss in die Gemeindekasse. Dieses System wurde natürlich ungern aufgegeben, denn das schmälerte den Gewinn des Heims. An der Rendite wurden nicht zuletzt auch die Fähigkeiten der Heimeltern gemessen.

Wir hatten einen blinden Mann bei uns, der sein Geld im Schrank zwischen Leintüchern und Wäschestücken versteckte, bis wir ihm vorschlugen, es auf der Bank zu deponieren. Er willigte ein, und mein Mann sammelte das Geld zusammen, hier ein Stapel Noten, dort ein Bündel Scheine. Ob er denn wisse, wie viel Geld er besitze, wollten wir wissen. Es waren etwa zwölftausend Franken, und der Blinde schätzte nur ein paar Hunderter daneben. Ein besonders tragischer Mensch war ein Alkoholiker, der für das Jungvieh zuständig war. Er versagte immer wieder, und wenn man ihn fragte, ob er getrunken habe, verneinte er und sagte: «Der Herrgott soll mir keine gute Stunde mehr geben, wenn ich gelogen habe.» Fehlte ihm der Alkohol, trank er auch Pitralon, also Rasierwasser, oder Petrol. Er starb an Speiseröhrenkrebs.

Über die Jahre hinweg haben wir dank eines grossen Gartens und des Fleischs und der Milch aus der Landwirtschaft einen grossen Selbstversorgungsgrad erreicht. In unserer ersten Zeit hatte ich ein kleines blaues Büchlein mit karierten Seiten, in dem ich zuhanden der Heimkommission auflisten musste, welche Lebensmittel ich für die Küche brauchte. Nach seinem

Gutdünken strich der Präsident immer wieder etwas aus der Liste. Und der Laden, der lieferte, hat uns nicht selten Minderwertiges vorgesetzt nach dem Motto: «Für die do obe tuets das no lang.» (Das Anwesen steht auf einer Anhöhe 1,8 Kilometer vom Dorf entfernt.)

Im Sommer bestellte ich einmal zwei Kilo Bananen für ein Birchermüesli. Der Präsident schäumte vor Wut und schrie: «So weit kommt es noch, dass diese Armenhäusler Bananen fressen!» Fortan beharrte ich darauf, dass mir ein Budgetbetrag zugeteilt wurde und ich die Einkäufe selber machen durfte. Wir und unsere drei Kinder – ein viertes verloren wir auf tragische Weise bei einem Autounfall – wurden auch schon als «Gmeindsfresser» betitelt, weil unsere Verpflegung Lohnbestandteil war und die ganze Familie stets mit den Angestellten am Tisch sass. Mehrere Jahre hatten wir einen Ehepaarslohn, ich musste lange streiten, bis ich einen eigenen bekam. Der Präsident meinte: «Mini Frau schaffet au und het kän eigne Loh.» Das riss natürlich eine grosse Lücke in meine AHV.

Bei der oft schwierigen Rekrutierung der Angestellten meinte es der liebe Gott gut mit uns. Wir hatten Leute, die lange bei uns blieben, wir bildeten grossmehrheitlich ein gutes Team. Gemeinsam haben wir den Karren, der oft in bedenkliche Schieflage geriet, aus dem Dreck gezogen. Auf unsere Ärzte war stets Verlass, grosses Vertrauen und ein eingespieltes Miteinander prägten unsere Arbeit. Mit grossem Unverständnis reagierte die Heimkommission, als es unumgänglich wurde, Pflegebetten anzuschaffen, denn unsere Bewohner wurden immer gebrechlicher und sehr pflegebedürftig. «Die will das alles nur», so tönten die Vorwürfe gegen mich, «weil sie so gerne pflegt und damit sie nachher nur noch mehr Personal anstellen kann.»

1979 begann der grosse Umbau, er war an der Urne im zweiten Anlauf bewilligt worden. Es kam eine schwierige Zeit, aber auch eine interessante. Zuerst wurde die eine Hälfte des langen Gebäudes renoviert, dann die andere. Wir mussten nahe zusammenrücken, wir haben zum Beispiel in der Waschküche gekocht. Während der 22-monatigen Bauzeit ist erstaunlicherweise kein einziger Bewohner gestorben! Sonst waren es etwa sechs pro Jahr. Der Grund: Es war für alle eine spannende Zeit, man konnte den Bauarbeitern zuschauen und über das Chaos schimpfen. Zum Sterben fand man schlicht keine Zeit. Apropos Tod: Den meisten konnten wir eine bleibende Freude machen, wenn wir ihnen versprachen, sie dürften, wenn immer irgendwie möglich, hier im Haus sterben. Hier war ihre

> **Heimeltern ade!**
>
> Noch unlängst konnte zum Beispiel ein gelernter Coiffeur ohne Zusatzausbildung die Führung eines Altersheims übernehmen, vorzugsweise zusammen mit seiner Frau. Sie wurden damit zu sogenannten Heimeltern. Es reichte, wenn sie zupacken konnten, sich gesellig zeigten und ein Gespür fürs Organisatorische und für alte Menschen hatten. Das konnte durchaus gut gehen, im Idealfall. Nicht selten wurden Heimeltern, und nicht nur aus heutiger Sicht, regelrecht ausgebeutet. Ein Altersheim war oft gleichzeitig Armenhaus oder gar noch «Psüchi» und hatte oft keine klaren Statuten. Die Rechte und Pflichten für die Heimeltern waren sehr ungefähr – wenn überhaupt – formuliert. Heute dagegen sind Reglemente, Diplome, Zertifikate und Qualitätskontrollen zum Standard geworden. Der Beruf des Heimleiters oder der Heimleiterin setzt nebst einem Erstberuf eine zusätzliche Ausbildung mit Höherer Fachprüfung voraus. Ausgebildet wird man im hauswirtschaftlichen, ökonomischen, administrativen und im betreuerischen Bereich.

Heimat. Es war eine grosse Genugtuung für uns, zu sehen, dass es viele gut hatten in ihrer letzten Erdenzeit.

Mit viel Freude und Elan half mein Mann 1986 bei der Modernisierung des Landwirtschaftsbetriebes mit. Aber 1988, nach achtzehn Jahren, waren wir «müde». Den kommenden Belastungen fühlten wir uns nicht mehr gewachsen. Dennoch möchten wir die Zeit im Heim nicht missen. Wir lernten Menschen kennen und schätzen, die uns wohlgesinnt waren, uns in unserer Arbeit unterstützten und uns immer wieder Mut machten.

Mein Mann wurde Hauswart und Schulbusfahrer, ich war Hausfrau. Wir genossen es, als Familie am Tisch zu sitzen. Ständig war wieder Sonntag – eine völlig neue Erfahrung für uns, im Heim waren die freien Tage selten. Wir betrachten es als besonderen Segen, dass jedes unserer Kinder – trotz Heimerfahrung – seinen Weg gefunden hat. Später arbeitete ich Teilzeit in einem Kinderhort, in einer heilpädagogischen Schule und als Betreuerin auf einer Wohngruppe. Die Arbeit mit jungen Menschen bereitete mir grosse Freude und gab mir viel Energie.

Mit Staunen sehen wir in unseren Enkelkindern die nächste Generation heranwachsen. Sie sind für uns «s Dessert vom Lebe». Wir sind unendlich dankbar für die Zeit, die wir mit ihnen verbringen dürfen.

Filigrane Knüpftechnik

Lina Studer-Haldemann war 17-jährig, als sie die Kunst mit Schiffchen, Garn und Häkelnadel kennenlernte: Frivolité, auch Occhi oder Schiffchenspitze genannt. Sie pflegt die komplizierte Handarbeit auch heute noch, mit 104 Jahren, im Alterspflegeheim.

Lina Studer-Haldemann
wurde am 5. März 1906 in Walkringen BE geboren und wohnte später mit ihren Eltern und Geschwistern im Talgraben in der Emmentaler Gemeinde Hasle-Rüegsau. Sie arbeitete als Haushalthilfe in verschiedenen Haushaltungen und zu Hause auf dem Bauernhof. Nach ihrer Heirat 1938 zog sie nach Niederösch BE und kümmerte sich um Sohn, Haushalt und den grossen Garten. Ihrer liebsten Handarbeit, der Frivolité, ging sie ausschliesslich in ihrer Freizeit nach. Erst mit weit über neunzig zog sie aus gesundheitlichen Gründen ins Alterspflegeheim Burgdorf um.

Nach der Schule kam ich in eine Haushaltung nach Langenthal. Die Meistersfrau war eine Oberstentochter, ihr Mann Schulinspektor. Sie war eine ganz geschickte Frau. Sie hatte vier Kinder und beherrschte alle Handarbeiten. Damals war es Mode, seine Röcke auf der Brust mit einer Rose zu verzieren. Das hätte mir gefallen, diese Stickerei hätte ich gern gelernt!

Stattdessen kaufte mir die Meisterin ein Schiffchen, ein Häkchen und einen Knäuel Garn und zeigte mir, wie man Frivolité macht. Drei Ringlein zeigte sie mir vor –

dann musste ich es selber können. Ich probierte immer und immer wieder, bis mir die Knöpfchen und Pikots gelangen und ich die Ringlein zu schönen Mustern und Motiven zusammenfügen konnte.

Nach zwei Jahren kam ich in den Talgraben zurück, in mein Elternhaus oberhalb von Hasle-Rüegsau. Ich musste im kleinen Landwirtschaftsbetrieb mithelfen. Wir hatten fünf Kühe; man machte alles noch von Hand. Nur die grossen Bauern hatten damals schon zwei Pferde und eine Mähmaschine. Wenn mir neben der Arbeit noch Zeit blieb, besorgte ich die Wochenpflege bei Frauen, die gerade ein Kleines bekommen hatten.

Wenn immer möglich setzte ich mich am Abend an den Stubentisch und machte Frivolité. Wir hatten damals noch kein elektrisches Licht; ich arbeitete im Schein der Petrollampe. Meine ältere Schwester war von Beruf Schneiderin und ging oft auf die Stör. Für die Unterhemden, die sie nähte, machte ich die Spitzen um den Halsausschnitt und um die Ärmel. Wir arbeiteten einige Jahre lang zusammen, und dabei entstanden viele schön verzierte Hemden!

Ich hatte ein Büchlein mit Vorlagen, daraus kopierte ich auch komplizierte Motive mit zwei Schiffchen. Ich machte viele Deckchen für Brotkörbchen und Verzierungen für Tischdecken. Dieses Büchlein habe ich schliesslich meiner Schwiegertochter geschenkt. Sie machte vor einigen Jahren einen Frivolité-Kurs und kennt diese Handarbeit jetzt auch. Früher gab es solche Kurse noch nicht. Vom Talgraben aus war es ohnehin nicht möglich, am Abend nach der Arbeit noch irgendwohin zu fahren.

Frivolité ist gar nicht so einfach, wie es aussieht – und auch seinen Kopf muss man dabei ein bisschen anstrengen: Zuerst schlinge ich das Garn um den Finger, dann mache ich mit dem Schiffchen drei Knöpfchen und ein Pikot. Pikots sind die kleinen Fadenschlingen, die nicht ganz zusammengezogen werden. Habe ich drei Mal drei Knöpfchen mit jeweils einem Pikot gemacht, ziehe ich diese mithilfe des Häkleins zu einem Ring zusammen. Man kann auch fünf oder sieben Knöpfchen mit Pikots zusammenziehen, dann werden die Ringe einfach grösser. Das gefällt mir aber nicht so gut.

Ich bin nicht mehr so geschickt wie früher; bin ganz «gstabelig» geworden! Jetzt bin ich über hundert Jahre alt; ich wurde 1906 geboren. Ich hätte nie gedacht, dass ich einmal so alt werde. Ich hätte gern einen Beruf gelernt, Kinderschwester zum Beispiel, wie meine Gotte. Diese arbeitete im Frauenspital in Basel. Zwei

Filigrane Schiffchenspitze

In der Schweiz unter dem Namen Frivolité bekannt, ist das Occhi oder die Schiffchenspitze eine Textilkunst aus dem Orient, die seit dem Mittelalter auch in Europa betrieben wird. Mit Schiffchen werden Knoten und Schlingen (Pikots) geknüpft und diese zu Ringen und Bogen und schliesslich zu einem zarten Spitzenmuster zusammengefügt. Die Schiffchen bestehen aus zwei ovalen, leicht gebogenen Plättchen mit einer Spule dazwischen. Die einzelnen Glieder der Spitze sehen wie kleine Augen aus, daher der Name Occhi (italienisch Augen). Lange Zeit war diese Handarbeit den vornehmeren Damen vorbehalten. Der Name Frivolité – der französische Ausdruck für Leichtfertigkeit – stammt wohl daher, dass diese Handarbeit höchstens als angenehme Freizeitbeschäftigung galt. Heute gibt es die klassische Frivolité-Technik, bei der weiterhin vor allem Spitzen angefertigt werden. Seit rund zwanzig Jahren existiert auch die kreative Technik. Dank dieser Weiterentwicklung lassen sich raffinierte Accessoires darstellen.

Schwestern hätten jeweils für vierzig Frauen und Kinder gesorgt, erzählte sie. Das sei sehr streng gewesen. Später wurde sie Kinderpflegerin bei Millionärsleuten in Zürich.

Ich ging erst von zu Hause weg, als ich heiratete. Ich habe spät geheiratet. Mein Mann war Wagner und Bannwart, später auch noch Wildhüter. Ich war schon verheiratet, als ich eine Gitarre kaufen und in einem Gitarrenchörli mitspielen konnte. Das war meine schönste Zeit! Dann starb mein Mann, und ich wohnte allein, bis es wegen meiner Gesundheit nicht mehr ging. Ich zog zu meinem Sohn und seiner Familie – und erst als meine Schwiegertochter ins Spital musste, kam ich hierher ins Heim nach Burgdorf. Da war ich schon fast hundert.

Auch hier mache ich Frivolité, aber nur noch Verzierungen für Taschentücher, die sind einfach. So bin ich beschäftigt und brauche nicht mit leeren Händen dazusitzen. Meine Augen sind halt auch nicht mehr so gut. Im Samariterkurs sagte uns ein alter Doktor, wir sollten sie mit Zuckerwasser auswaschen. Das machte ich mein Leben lang, bis heute. Ich spürte immer, wie mir das guttat. Vor allem, wenn ich an den Abenden zu lange über der Frivolité gesessen war.

Von der Kunst der Küferei

Rita Bierschenks Vater übte das inzwischen seltene Handwerk als Fass- und Weissküfer aus. Als Kind sass sie oft in seiner Werkstatt, schaute ihm bei der Arbeit zu und werkelte ebenfalls. Gerne erinnert sie sich an diese für sie spannende und schöne Zeit.

Rita Bierschenk-Ackermann
wurde am 25. Juni 1944 in Mels SG als mit Abstand jüngstes von neun Kindern von Johann und Martha Ackermann geboren. Sie besuchte in ihrem Heimatdorf die Schule, bevor sie eine Lehre als Eisenwarenverkäuferin antrat und später in diesem Beruf auch die Meisterprüfung ablegte. Danach arbeitete sie an diversen Orten, bevor sie schliesslich in Baden AG landete. 1969 Heirat mit Richard Bierschenk. Das Ehepaar hat eine Tochter und einen Sohn und lebt heute in Nesselnbach AG.

Als Mädchen drückte ich mich wenn immer möglich vor der Hausarbeit und hielt mich bei meinem Vater Johann in dessen Werkstatt auf. Meine vier Brüder und vier Schwestern sind bedeutend älter, sodass ich meinen Vater oft alleine geniessen konnte, weil sie in der Schule waren, ich aber noch zu klein dafür war.

Bei schlechtem Wetter kamen auch die Nachbarsbuben in die Werkstatt. Dort arbeitete Vater unermüdlich – er stand täglich um vier Uhr früh auf und war manchmal bis um 22 Uhr beschäftigt – und zeigte uns

Kindern auch den Umgang mit den Werkzeugen. Vater hatte zwei Werkstätten. Eine war mit Maschinen bestückt und wegen der Unfallgefahr tabu für uns. In jener allerdings, wo Vater von Hand arbeitete, durften wir nach Herzenslust mit Holzklötzen spielen, bohren und sägen. Zum Schnitzen zog er uns jeweils einen sogenannten Holzlatz an, den er extra für uns angefertigt hatte und der unseren Oberkörper schützte, falls wir mit dem Messer ausrutschten.

Vater war Fass- und Weissküfer von Beruf. Die Fassküferei umfasste die Herstellung, Pflege und Reparatur von Fässern, während in der Weissküferei alle aus Holz gefertigten Dinge für die Milchwirtschaft angefertigt wurden. Dabei handelt es sich beispielsweise um Butterfässer, Milchdosen, Melkeimer und -stühle, Schöpflöffel, Räfs (Rückentragegestelle für Käselaibe) oder Brenten (Vorläufer der heutigen Milchkannen), wobei die Weissküferei viel anspruchsvoller war als die Fassküferei. Im Gegensatz zur Fassküferei konnte man in der Weissküferei nur Holz verwenden, weil Metall rostet und darum nicht mit der Milch in Berührung kommen durfte. Das Holz des Milchgeschirrs wurde deshalb auf ganz bestimmte Weise ineinandergesteckt. Alles musste perfekt passen, denn sonst wären die Gefässe nicht dicht gewesen.

Das Milchgeschirr fertigte mein Vater stets aus Lindenholz an. Dazu ging er nachts zusammen mit dem Förster in den Wald und wählte geeignete Linden aus. Diese wurden bei einem ganz bestimmten Mondstand gefällt, weil man glaubte, dass sich das Holz sonst nicht richtig biegen lasse. Der Förster hielt das Ganze für Aberglauben und brachte meinem Vater eines Tages Lindenholz, das er zum falschen Zeitpunkt «geerntet» hatte. Er wollte meinen Vater testen. Dieser merkte den Betrug jedoch sofort, weil die Holzlatten, die vor der Verarbeitung im Wasser eingelegt werden, sich tatsächlich nicht richtig biegen liessen und splitterten. Danach war der Förster überzeugt und fällte nie mehr eine Linde zum falschen Zeitpunkt.

Damals standen noch grosse Weinfässer in den Kellern der Restaurants. Im Herbst musste mein Vater diese jeweils putzen, um sie für den nächsten Weinjahrgang vorzubereiten. Jedes Fass war mit einem kleinen Türchen ausgestattet, das mein Vater öffnete, damit er ins Fass kriechen und dieses innen mit Wasser und einer Reisigbürste reinigen konnte. Kleinere Fässer, für die mein Vater zu gross war, mussten wir Kinder putzen. Vater leuchtete dann jeweils mit der Taschenlampe ins Fass und überprüfte unsere Arbeit. Doch mein

Küfer, Böttcher, Fassbinder

Das selten gewordene Handwerk des Küfers hat viele Namen. Je nach Region wird der Küfer auch Böttcher, Botticher, Büttner, Schäffler, Fassbinder, Fassbauer oder Kübler genannt. Das Wort «Küfer» geht auf das lateinische Wort «cuparius» zurück, wobei «cupa» Holzfass bedeutet. Bestand die Küferei früher aus reiner Handarbeit, kamen im Laufe des 20. Jahrhunderts Maschinen und Apparate auf, welche die Arbeit erleichterten und die Abläufe beschleunigten. Handarbeit braucht es jedoch immer noch. Als Weine immer öfter in Fässern aus anderen Materialien wie zum Beispiel Chromstahl oder Kunststoff eingelagert wurden, bedeutete dies eine existenzielle Bedrohung für die Küfer. In den 1990er-Jahren allerdings kehrte sich dieser Trend um. Einerseits, weil sich der Barrique-Wein zunehmender Beliebtheit erfreute, andererseits setzte sich die Erkenntnis durch, dass der Wein nur durch das Holzfass ein besonderes Aroma entwickelt.

Vater pflegte nicht nur die Fässer, sondern auch den Wein. Er überwachte den gesamten Reifungsprozess, und wenn der Rebensaft schliesslich reif war, füllte er ihn in Flaschen ab und etikettierte diese.

Natürlich halfen auch wir Kinder dabei. Weil es zu dieser Zeit noch keine selbstklebenden Etiketten gab, standen ein Leimtopf und ein Pinsel bereit. Etiketten waren teuer, wir durften also keines der wertvollen Papiere zerstören und mussten die uns anvertraute Arbeit äusserst sorgfältig verrichten, sonst hätten die Kunden keine Freude gehabt. Deshalb übten wir zuerst zu Hause mit normalem Papier, bevor wir Flaschen etikettieren durften.

Neben den grossen Weinfässern stellte Vater auch kleine Fässer her, überdies Mostfässer und die riesigen Güllefässer, welche etwa 2000 Liter fassen. Ebenso wie allerlei Zubehör für die Winzerei, beispielsweise Tansen, eine Art Holzrucksäcke, die bei der Weinlese verwendet wurden, und Standen, die grossen Wannen, in welchen man die Trauben sammelte. Vater musste sehr genau arbeiten, denn Material und Geld waren knapp. Er konnte es sich nicht leisten, etwas fortzuwerfen. Schliesslich musste er eine elfköpfige Familie ernähren. Eigentlich hatte Vater ja Goldschmied werden wollen. Doch daraus wurde nichts, weil er die Küferei meines

Grossvaters übernehmen musste. Aber mein Vater lebte seine künstlerische Ader trotzdem aus. Er baute sie einfach ins Küferhandwerk ein, indem er zum Beispiel Melkstühle oder andere Weissküferei-Gegenstände verzierte und diese so in kleine Kunstwerke verwandelte. Obwohl meine Eltern wirklich viel zu tun hatten und bei neun Kindern und einem eigenen Geschäft immer etwas los war, habe ich sie nie ungeduldig erlebt. Unser Haus war stets für alle offen. So erledigten auch alle meine Kameraden ihre Hausaufgaben bei uns am Küchentisch.

Am Sonntag waren die Geschäfte im Dorf geöffnet, denn an diesem Tag kamen die Leute aus den umliegenden Weilern nach Mels und gingen zur Kirche. Nach dem Gottesdienst gaben sie dann bei Vater ihre Bestellungen auf. Das waren oft arme Menschen, und meine Mutter, die ihnen Gutes tun wollte, lud sie jeweils gleich zum Mittagessen ein. Mein Vater war ebenso sozial eingestellt. Er sagte immer: «Von einer Witfrau verlangt man kein Geld.» Und so schrieb er in der Tat niemals einer Witwe eine Rechnung. Dabei waren wir selbst keineswegs auf Rosen gebettet.

Üblicherweise bezahlten die Bauern ihre Ausstände nur einmal im Jahr. Das geschah jeweils an Martini, also am 11. November. An diesem Tag war Bauernzahltag und Markt. Nicht immer konnten die Leute meinem Vater allerdings Geld bringen – und so akzeptierte er auch Naturalien wie Käse oder Butter. Manche Bauern zahlten sogar mit Goldvreneli. Wahrscheinlich war es für meine Eltern nicht immer einfach, das verdiente Geld so einzuteilen, dass es für das ganze Jahr reichte. Neben dem Markt war der Alpabzug der grossen Alpen Siez, Wallabütz, Brecht und Kohlschlag immer ein wichtiges Ereignis bei uns im Dorf. Wir Kinder bekamen schulfrei, damit wir dem Fest beiwohnen und die Kühe und Sennen bestaunen konnten. Noch heute wird in Mels Dorffest gefeiert, wenn der Alpabzug von den grossen Alpen stattfindet.

Als das Plastikgeschirr aufkam und als Folge davon die Küferei-Aufträge weniger wurden, begann mein Vater Schreinerarbeiten zu machen und stattete Häuser aus. Noch nach seiner Pensionierung mit 70 Jahren schnitzte und fertigte er wunderschöne Arvenmöbel für Ferienwohnungen an. Auch wenn sich die Zeiten änderten, blieben meine Eltern dem Holz zeitlebens treu. Plastikgeschirr wäre nie ins Haus gekommen, da waren sie stur. Dabei war mein Vater ein moderner Mensch, der selbst im Alter im Geiste jung blieb. Doch in Sachen Holz hatte er seine Prinzipien. Leider starb er 1971 im Alter von 75 Jahren.

Ich hatte immer ein super Verhältnis zu meinem Vater. Wohl auch, weil ich mit Abstand das jüngste Kind war – der zweitjüngste Bruder ist sechs Jahre älter als ich. Dank der «Lehre» bei meinem Vater bin ich selbst ebenfalls handwerklich begabt Und wollte beruflich stets mit Handwerkern zu tun haben. Aus diesem Grund machte ich die Ausbildung zur Eisenwarenverkäuferin und legte später die Meisterprüfung in diesem Beruf ab. Dankbar und gerne erinnere ich mich immer wieder an meine glückliche Kindheit zurück.

Drucksachen anno dazumal

Schriftsetzer war zwar nicht sein Traumjob, aber einen besseren Beruf hätte Reto Felix kaum auswählen können. Denn dieser sicherte ihm bis zur Pensionierung ein solides Auskommen, und er kam auch ein wenig in der Welt herum.

Reto Felix

wurde am 17. Februar 1927 geboren und wuchs in Celerina als zweitjüngstes von vier Kindern auf. Nach seiner Berufslehre verliess der junge Bündner das Engadin und trat eine Stelle bei der Druckerei Conzett Huber in Zürich an. Später zog es ihn ins Ausland. Auch ohne grosse Sprachkenntnisse fand er in Stockholm und London schnell Arbeit als Typograf. Zurück in der Schweiz, liess sich Reto Felix in Winterthur nieder, wo er mit seiner Frau noch immer wohnt und bis zur Pensionierung fast dreissig Jahre lang als Abteilungsleiter beim Landboten wirkte.

Was hätte ich meinem Vater auch entgegnen sollen, als er mir am Ende meiner obligatorischen Schulzeit im Kriegswinter 1943 beschied: «Bub, du lernst Schriftsetzer. In St. Moritz ist eine Lehrstelle frei.» Im Bündnerland waren damals gute Lehrstellen Mangelware und in den entbehrungsreichen Kriegsjahren erst recht.

Die meisten meiner Kameraden wurden Bäcker, Metzger oder Schreiner. Ich hingegen wäre gerne noch länger zur Schule gegangen und Lehrer geworden. Doch dafür fehlte meiner Familie das Geld, seitdem mein Vater als Concierge des geschlossenen «Schweizerhofes» keine Arbeit mehr hatte. Ausserdem befand sich die nächste Mittelschule in Chur.

In der Druckerei Gammeter arbeiteten ausser mir noch ein Schriftsetzer, ein Maschinensetzer und ein Drucker, ein Buchbinder, ein Hilfsarbeiter und eine Bürolistin sowie ein weiterer Lehrling. Jeder und jede packte überall mit an, wenn die 800 Exemplare der Engadiner Post dienstags, donnerstags und samstags aus der Bogendruckmaschine kamen und von Hand gefalzt, abgezählt sowie gebündelt werden mussten. Die Bündel kamen auf den Leiterwagen, und den zog ich dann zur Post. Pünktlich mittags um zwölf sollte ich dort sein, damit die Zeitung rechtzeitig bei den Lesern ankam. Aber es passierte mehr als einmal, dass sich die Auslieferung verzögerte.

Ich lernte schnell, im Handsatz ganze Seiten zu setzen und diese ebenso schnell umzubauen, wenn sich ein Fehler eingeschlichen hatte. Die Zeitungsseiten mit den Bleibuchstaben waren schwer, 20 bis 25 Kilo. Wir mussten sie vom Setztisch zur Druckmaschine tragen und wieder zurückstellen. Das kann man sich heute kaum vorstellen, wo doch alles am Computer geschieht. Zu Beginn meiner Lehrzeit war ich abends total kaputt, auch, weil wir den ganzen Tag stehen mussten. Doch ich gewöhnte mich schnell an die intensive körperliche Arbeit. Meine Energie reichte sogar noch, um im Turnverein mitzumachen oder im Sommer Berg- sowie im Winter Skitouren zu machen. Andere Freizeitaktivitäten kannte ich nicht. Das Kino kostete damals 55 Rappen, mein Wochenlohn betrug anfänglich gerade mal zehn Franken. Zudem musste ich jeden verdienten Rappen zu Hause abgeben.

An den Tagen, an denen keine Engadiner Post gedruckt wurde, produzierte die Druckerei «Akzidenzarbeiten» – Prospekte, Weinlisten oder Werbeplakate, die von den Nobelhotels in Auftrag gegeben wurden. Das «Palace» führte während der Kriegsjahre seinen Betrieb einigermassen normal weiter und lud ab und zu zum «Thé dansant». Damit das entsprechende Plakat besonders elegant aussah, sollten wir einmal goldene Buchstaben auf schwarzen Hintergrund drucken. In Ermangelung von goldener Farbe druckten wir normal schwarz und bestäubten die noch feuchten Drucklettern mit Goldstaub. Den Überschuss musste ich draussen mit dem Wedel abwischen – man kann sich vorstellen, wie ich danach aussah!

Auch von Kanton und Bund bekamen wir manchmal Druckaufträge, zum Beispiel den Marschbefehl für die ganze Schweiz mit einer Million Auflage. Er war zweifarbig, und das bedeutete, dass wir alles zweimal durch die Maschine lassen mussten. Dieser Grossauftrag hatte dann später noch ein Nachspiel für mich, als ich zum Auffüllen von Paletten sogenannte Makulatur verwendete, also überschüssige Exemplare eben dieses Marschbefehls. Hei, gab das in Chur eine Aufregung!

1947 beendete ich meine Typografenlehre, arbeitete aber weiterhin in meinem Lehrbetrieb. Das bescherte mir im Februar 1948 einen spannenden – und mit dreihundert Franken Extralohn lukrativen – Auftrag. In St. Moritz fanden die ersten Olympischen Winterspiele nach dem Zweiten Weltkrieg statt. Und da es damals noch keine elektronischen Anzeigetafeln und andere Medien gab, waren die Ranglisten der Wettkämpfe jeweils erst am Folgetag verfügbar – gedruckt von uns.

Für mich bedeutete dies, dass ich nachts alle Resultate des Tages setzen musste. Um sechs Uhr früh ging die Broschüre in den Druck und wurde danach auf der Strasse verkauft. Natürlich wollte ich mir trotz Nachtarbeit auch das sportliche Tagesgeschehen nicht entgehen lassen. Diese doppelte Schicht hielt ich aber nur dank Doping durch – mit einem Vitamin-C-haltigen Aufputschmittel aus der Apotheke.

Vom Schriftsetzer zum Polygrafen

Der Beruf des Schriftsetzers geht auf Johannes Gutenberg zurück, der schon im 15. Jahrhundert in Europa den Buchdruck mit beweglichen und wieder verwendbaren Lettern entwickelt hatte. Mit der Ablösung des Buchdrucks durch den Offsetdruck um etwa 1980 wechselten viele Setzer zum Fotosatz und später zum digitalen Schriftsatz am Computer. Als Ausbildungsberuf wurde der Schriftsetzer durch den Polygrafen ersetzt. Die älteste Technik des Setzens war der Handsatz: Der Schriftsetzer setzte aus Blei gegossene Buchstaben und Wortzwischenräume spielgelverkehrt in einen sogenannten Winkelhaken. Auf diese Weise konnte man pro Stunde etwa 1500 Zeichen setzen, abhängig von der Schriftgrösse. Die Gestaltung (Typografie) der Drucksachen und das Einbringen von Bildelementen mit Clichés war ebenfalls ein wichtiger Bestandteil der vierjährigen Ausbildung, um aus einem damals hand- oder maschinengeschriebenen Manuskript eine fertige Vorlage für den Druck herstellen zu können. Viele Setzer litten an der «Bleikrankheit», einer gefährlichen Bleivergiftung.

Meiner Heimatregion blieb ich nicht treu, meinem Beruf jedoch schon. Im Sommer 1948 kam ich aus dem Tal hinunter in die Grossstadt Zürich. Über ein Inserat in der Typografenzeitung hatte ich eine Stelle bei der Druckerei Conzett Huber gefunden, die auf Tiefdruck spezialisiert war und die städtischen Telefonbücher produzierte. Ich durfte auch Zeitschriften gestalten und lernte an der Lynotype-Setzmaschine ganze Zeilen zu giessen.

Als nunmehr erfahrener Maschinensetzer ging ich anschliessend nach Schweden und arbeitete dreieinhalb Jahre in einer Grossdruckerei. Es war eine wunderbare Zeit, und ich wäre gerne dort geblieben, aber es zog mich der Familie wegen zurück in die Schweiz. Vorher machte ich noch einen Abstecher nach London zu meiner Schwester. Ich blieb auch dort zwei Jahre lang – mit meinem Handwerk fand ich genügend Arbeit. Die fachlichen und sprachlichen Erfahrungen kamen mir bei jeder weiteren Anstellung zugute. Mit den gewaltigen technischen Veränderungen im Setzerberuf musste ich mich vor allem im späteren Verlauf meiner Karriere auseinandersetzen.

Mausarm, aber reich an Mäusen

In seiner Jugend stellte Georg Segessenmann Mäusen nach, um sich Taschengeld zu verdienen. Dabei kam es auch schon mal vor, dass er für dieselbe Maus zweimal «Kopfgeld» kassierte. Von dieser Einnahmequelle wussten aber weder seine Familie noch sein Freundeskreis.

Georg Segessenmann
kam am 2. Dezember 1932 in Dulliken SO als zweites von sieben Kindern einer Arbeiterfamilie zur Welt. Nach der Schule und einem Welschlandjahr heuerte er 1947 in der Armaturenfabrik Nussbaum in Olten SO als Laufbursche an. Mit 33 Jahren machte er in derselben Firma eine Lehre als Mechaniker, später wurde er Vorarbeiter und Industriemeister. 1955 Heirat, 1957 Geburt des Sohnes, 1965 Scheidung. 1967 heiratet er Edith Hofer. 1998 Pensionierung. Georg Segessenmann hat drei Romane geschrieben: «Der Armeleutebub», «Herbstlaub» und «Noch weit bis Eden».

Ich wuchs mit sechs Geschwistern in Dulliken SO auf. Mein Vater war einfacher Arbeiter in einer Giesserei, meine Mutter Hausfrau. Geld war bei uns Mangelware, Essen manchmal ebenso. So sehr, dass ich ab und an heimlich im Schulhaus nebenan ein nicht aufgegessenes Pausenbrot aus dem Abfall fischte und verzehrte.

Taschengeld, wie es heute ganz selbstverständlich ist, kannten wir nicht. So kam es mir sehr gelegen, dass sich mit toten Mäusen etwas verdienen liess. In den 1940er-Jahren gab es in den meisten Dörfern rund um das unsrige einen Feldmauser, der nebenamtlich auf den Wiesen der ortsansässigen Bauern mittels Schnappfallen die Feldmäuse fangen musste. Unser Feldmauser war aber gestorben, und ein Nachfolger konnte nicht gefunden werden, weil keiner für das bisschen Fangprämie gewillt war, seine Zeit zu opfern.

So musste halt jeder Bauer selbst sehen, wie er seine Wiesen «mausarm» halten konnte. Einige konnten ihre alten Väter und Onkel zur Jagd auf die ungeliebten Nager animieren. Andere vertrauten auf das Geschick ihrer Katzen. Auch ich stellte Fallen auf. Zwanzig Rappen gab es pro abgelieferte Maus. Die dazu benötigten Fallen besorgte ich mir aus dem Altmetall. Damals war es üblich, dass die Schulklassen nicht nur das Altpapier, sondern mehrmals pro Jahr auch das Altmetall einsammelten.

Dabei hielt ich stets nach Brauchbarem Ausschau. So ergatterte ich neben einem Hammer, einer Zange und Blech einmal zwei verrostete Degen, die ich sogleich versteckte. Als ich sie später holen wollte, hatten allerdings bereits andere Kinder sie entdeckt und an sich genommen. Das Seltsame: Jahrzehnte danach begegnete ich den beiden Degen in einem Haus im Tessin wieder. Aber das ist eine andere Geschichte.

Ab und zu fand sich im Alteisen auch eine Mausefalle, bei der ich in meiner kleinen Werkstatt mit Schmirgelpapier den Rost entfernte und sie so wieder gebrauchsfertig machte. Derart ausgerüstet, legte ich meine Fallen auf den Feldern aus. Jeweils am Abend kontrollierte ich, ob sich eine tote Maus darin befand. Hausmäuse fing ich ebenfalls, obwohl es für diese eigentlich kein Geld gegeben hätte. Doch der Bauer, der im Auftrag der Gemeinde die Mäuse entgegennahm, wusste um die ärmlichen Verhältnisse, in denen ich aufwuchs, und drückte jeweils ein Auge zu. Der Mann trug die Anzahl der abgegebenen Nager in sein Mauserbüchlein ein und warf die toten Tiere anschliessend auf den Mist.

Eines Tages fiel mir auf, dass unsere Katze jeden Tag mit toten Mäusen heimkam, die ich ihr dann abnahm und zu den von mir gefangenen legte. Interessanterweise waren die Mäuse immer schon kalt, während frisch gefangene noch leben oder zumindest noch warm sind.

Der Schrecken aller Nager

Um die Schäden einzudämmen, welche sie in der Landwirtschaft anrichten, machte – vor allem früher – eine von der Gemeinde zum Feldmauser ernannte Person Jagd auf die Feldmäuse. Aber auch auf Schermäuse und Maulwürfe. Heute gibt es allerdings kaum mehr Feldmauser. Die Feldmaus bewohnt offenes Gelände, frisst Gras, Kräuter, Sämereien, Wurzeln und Rinde. Sie lebt in weit verzweigten Gangsystemen unter der Erde, die mehrere Ausgänge aufweisen. Ihre Fruchtbarkeit ist rekordverdächtig, denn zwischen Februar und Oktober gebärt ein einziges Weibchen mehrere Würfe zu je drei bis fünfzehn Jungen. Diese ihrerseits sind bereits nach zwei Wochen geschlechtsreif. Pro abgelieferten Mauseschwanz wird zum Teil auch heute noch eine Prämie bezahlt. Finanziert wird das Ganze in der Regel durch die Gemeindekasse.

Neugierig geworden, beobachtete ich unsere Mieze und fand heraus, woher die Mäuse stammten: vom Mist des Bauern, der die Mäusesammelstelle hatte.

Das brachte mich auf die Idee, dem Zufall ein bisschen nachzuhelfen. Und so schlich ich mich jeweils nach dem Eindunkeln zu besagtem Misthaufen und stibitzte die Mäuse, soweit sie nicht bereits unter dem Mist verlocht waren. Weil sie nach Mist stanken und mich hätten verraten können, wusch ich sie.

Irgendwie musste der Mäuseeinsammler aber doch etwas gemerkt haben. Jedenfalls war eines Tages, als ich wieder meinen Fang ablieferte, plötzlich ein Plakat aufgehängt, auf welchem stand, es sollten in Zukunft nur noch die Schwänze der Mäuse gebracht werden. Diese wurden dann nicht mehr auf den Mist, sondern in die Jauchegrube geworfen.

Alles in allem brachte ich wohl ungefähr 200 Mäuse zur Strecke. Mit den so verdienten rund 50 Franken kaufte ich mir Bücher. Diese verkaufte mir ein Kollege, der sie seinem Bruder entwendete. Lesen war und ist meine grosse Leidenschaft – seit ich denken kann, habe ich immer alles gelesen, was mir in die Finger kam. Vom Mäusegeld erstand ich zudem für acht Franken meine erste Uhr, die jedoch bereits nach einer Woche ihren Dienst versagte.

Von meiner Einnahmequelle wussten übrigens weder meine Eltern noch meine Geschwister. Zu gross war meine Angst, dass ich das Geld hätte teilen oder abgeben müssen.

Hutten und Körbe aller Art

Sie hatte keine leichte Jugend, und dennoch schaut Rosy Joos-Jossi auf ein reiches Leben zurück. Sowohl beim Grossvater als auch beim Vater hat sie etwas von der Kunst des Huttenmachens mitbekommen. Eine recht mühselige Arbeit – an einem grossen Tragekorb arbeitete ihr Grossvater beispielsweise mehrere Tage.

Rosy Joos-Jossi
kam 1927 in Würenlingen AG zur Welt. Aufgewachsen in ärmlichen Verhältnissen, die meiste Zeit über ohne Mutter, in Burglauenen. Arbeitete vor allem in Hotels und Haushaltungen. Ihr erster Mann starb schon nach vier Ehejahren an Tuberkulose. Aus dieser Verbindung hat sie eine Tochter und ist inzwischen auch Grossmutter. Rosy Joos heiratete 1959 ins Safiental. Mit ihrem Mann Alexander führte sie bis zu dessen Pensionierung 1992 die Poststelle von Arezen, einem Weiler von Versam. Dort wohnen sie noch heute im Alten Posthaus – zusammen mit einem Entenpaar.

■ Weil sich unsere Eltern früh trennten und ich die Mutter nie mehr sah, sind mir meine Grosseltern und der Vater umso wichtiger geworden. Wie mein Bruder, der dabei aber etwas mehr Glück hatte, wurde auch ich bei Pflegeeltern platziert.

Es war ein kinderloses Paar, bei dem es mir gar nicht gefiel. Wenn mein Vater mich sonntags besuchte, nahm mich der Pflegevater zwar auf seine Knie, aber da er es sonst nie tat, schrie ich aus Leibeskräften und wehrte mich. Das tat meinem Vater in der Seele weh. Als er einmal sah, wie ich unter dem Tisch die Brosamen auflesen musste, nahm er mich wieder nach Hause mit. Er hatte in der Nähe der Grosseltern ein kleines Häuschen gefunden, das er später, nicht ohne Schulden zu machen, kaufen konnte. So war ich viel bei der Grossmutter – in der ersten Zeit schlief ich sogar bei ihr im Bett. Sie machte immer einen runden Rücken und drückte mich an die Wand. Dort aber warteten die Wanzen, von denen es in diesem alten Holzhaus viele gab. Wir wohnten abgelegen im untersten Zipfel von Burglauenen, wo uns vom 20. Oktober bis zum 20. Februar kein einziger Sonnenstrahl erreichte – vier Monate Schattenleben. Aber mit dem Cousin und der Cousine verlebte ich eine recht glückliche Zeit.

Im Haus der Grosseltern gab es zwei Arbeitsräume. Einer diente dem Grossvater fürs Korbflechten. Er machte Hutten und Körbe jeder Art und Grösse, solche für den Rücken, aber auch Handhutten oder Brothuttli. Das Geflecht bestand aus Haselschienen. Diese gewann er, indem er die Haselstecken, die er aus dem nahen Wald holte, über das Knie spannte und sie an der Schnittstelle aufschlitzte, sodass dünne, flexible Schienen abgesprengt wurden. Eine recht mühselige Arbeit. Um die sich nach unten verjüngenden Rippen aus Tannenholz herzustellen, um welche dann später geflochten wurde, sass er auf einem sogenannten «Zigstuehl» und arbeitete mit einem zweihändigen Ziehmesser.

In das Hartholzbrett, das den Boden bildete, bohrte er Löcher, in die er die Rippen steckte. Oben wurden die Rippen an einem «Model» festgebunden, damit sie während des Flechtens gut fixiert waren. Der oberste Teil der Hutte, der besonders robust sein musste, wurde aus grünen Tannenästen geflochten. Diese wurden über dem Feuer zuerst geschmeidig gemacht. Die «Bretschla», mit denen man die Trageseile regulieren konnte, erforderten besonderen Aufwand. Die starke Krümmung des Holzes brachte man nur in heissem Wasser zustande. An einem grossen Tragekorb, für den er in den Dreissigerjahren kaum mehr als zehn Franken bekam, arbeitete der Grossvater mehrere Tage. Das war ein rechter Preis. Doch wenn die Hutte nicht bestellt war und er sie im Dorf wie ein Hausierer feilbieten musste, verlor er schnell einen weiteren Tag. Die Korberarbeit war für ihn vor allem ein Nebenverdienst im Winter. Im Sommer verrichtete er mit der Familie die Heuernte für sich selbst und half auch bei andern Bauern aus.

Unter den damals recht kargen Mahlzeiten litt mein Grossvater am meisten. Zum Beispiel ass er im Sommer keine Eier – wegen der Würmer, welche die Hühner um diese Zeit fressen. Auch Kaninchen und Poulet schlug

Als Hutten noch Transportmittel waren

Der Mensch der Moderne buckelt nur noch selten etwas, er hält sich den Rücken gerne frei, und Tragvorrichtungen haben bei uns praktisch keine Bedeutung mehr. Höchstens noch, dass wir mal einen Rucksack umschnallen oder ein Kleinkind am Rücken tragen. Ganz anders früher, als die Strecken weit und die Autos fern waren. Chräzen, Chräätzi, Hutten und wie sie alle heissen, waren wichtige Transportmittel nicht nur für Hausierer oder in der Landwirtschaft. Für die Fertigung von Rücken- und Handkörben setzte man Spaltholz (Buche, Esche, Eiche, Kastanie) ein, für das Flechten die elastischen Weiden- und Haselzweige. Während früher in der bäuerlichen Gesellschaft viele die Fähigkeit hatten, Korbwaren selber herzustellen, sind es heute fast nur noch Leute aus dem Kunstgewerbe, die dieses Handwerk beherrschen. Im Handel findet man vor allem Importware. Die Interessengemeinschaft Korbflechterei Schweiz (IGK) ist der Berufsverband der Schweizer Korbflechter und Korbflechterinnen. Info und Auskunft unter www.korbflechten.ch

er aus. Das aber war eigentlich das einzige Frischfleisch, das wir selber hatten. Die Metzgerei war im fernen Dorf und Fleisch für kleine Leute unerschwinglich. Fragte ihn Tante Lisi, ob er etwas trinken wolle, gab der Grossvater zynische Antworten, die so zu verstehen waren, dass er zuerst einmal richtig gegessen haben müsste, bevor man ihm diese Frage überhaupt stellen könne. Seine üble Laune kam wohl auch von den Schmerzen; ihn plagte, wie er es nannte, die Gliedersucht. Er starb im Herbst 1949 an Herzschwäche.

Mit 10 Jahren fing ich an, meinem Vater den Haushalt zu besorgen, und bald schon wohnte ich auch bei ihm in seinem Häuschen. Ich war ja auch so immer noch nahe bei den Grosseltern. Über diese Zeit könnte ich viel erzählen, ich habe alles in meinem Bändchen «Schattenhalb» niedergeschrieben. Daraus durfte ich 2007 in der Mundartsendung «Schnabelweid» von DRS 1 den Text «Isa Ätti» vorlesen. Ich habe ihn sehr geliebt, meinen Vater. Arbeit hatte er oft keine, er nahm an, was kam, vielfach war er einfach Handlanger. Für die Volkszählung gab er sich als Erdbewegungsspezialist aus. Auch meinen Vater habe ich dann und wann Körbe flechten gesehen. Er hatte es wohl beim Grossvater gelernt.

Kostbares für die ganze Welt

Im Erdgeschoss des Elternhauses stand die tonnenschwere Schiffchenstickmaschine. Alice Unternährer-Gemperli und ihre vier Brüder halfen mit, wenn ihr Vater im Auftrag verschiedener St. Galler Textilfabriken kostbare Spitze stickte.

Alice Unternährer-Gemperli

wurde am 7. Juni 1919 in Gossau geboren. Zusammen mit vier Brüdern wuchs sie im elterlichen Stickereibetrieb auf. Sie lernte den Beruf der Verkäuferin und gründete 1942 eine Familie. Früh wurde sie Witwe. Damit sie für sich und ihre drei Kinder ein Auskommen hatte, arbeitete sie während der nächsten Jahre in einem grossen Warenhaus. Als die Kinder erwachsen waren, heiratete sie zum zweiten Mal. Seit dem Tod ihres Mannes lebt sie im Betagtenzentrum in Zollikofen bei Bern.

Mein Elternhaus stand im Schönauquartier in Gossau. Es war eines von acht Häusern, die zu Beginn des 19. Jahrhunderts für private Sticker gebaut wurden. Diese Sticker arbeiteten ausschliesslich für Textilfabriken in St. Gallen, welche die kostbare Spitze in die ganze Welt exportierten. Die Schiffchenstickmaschine im untersten Stock war riesig! 680 Nadeln waren auf zwei Ebenen angeordnet, je 340 nebeneinander. Ihnen exakt gegenüber reihten sich die Schiffchen mit dem entsprechenden Faden aneinander. Dazwischen spannte sich, mehrere Meter breit, der Stoff.

Papa bediente den Pantografen: Damit übertrug er das vorgegebene Muster auf jede der 680 Nadeln gleichzeitig. Die Stickmaschine wurde von einem Motor angetrieben; man brauchte nur den Knopf zu drücken, und schon setzte sie sich in Bewegung. Meine beiden Grossväter waren noch Handsticker gewesen. Mein Vater hörte als junger Mann, dass es neu Maschinen mit Motoren gebe. So ging er nach St. Gallen und lernte das Handwerk. Er wurde einer der Besten seines Fachs und hatte immer genug Aufträge. Wir Kinder mussten helfen, wann immer es nötig war.

Manchmal sagte Papa schon am Vorabend: «Morgen müssen alle hinunterkommen, es wird umgefädelt!» Dann standen am nächsten Morgen meine vier Brüder und ich schon vor der Schule in der Stickerei. Jedes von uns wusste, was bei einem Farbwechsel zu tun war: Zwei der Buben hatten auf der Rückseite die Schiffchen auszuwechseln, wir anderen auf der Vorderseite die Fadenspulen. Damit bei einem Farbwechsel nicht die Nadeln neu eingefädelt werden mussten, wurde der neue Fadenanfang mit dem alten Fadenende ganz fein verknotet. Das war eine knifflige Arbeit. Manchmal mussten wir drei Mal in einer Woche «umfädeln»!

Wenn alle neuen Spulen aufgesetzt waren, setzte Papa die Maschine wieder in Gang. Ganz langsam und sacht, denn die kleinen Knötchen mussten durch die Ösen der 680 Nadeln gezogen werden. An uns Kindern war es, genau hinzuschauen und «Halt» zu rufen, wenn irgendwo der Faden riss oder sich verhedderte. «Halt» mussten wir auch rufen, wenn eine der vielen Nadeln nicht richtig arbeitete oder ein Schiffchen leer wurde. Um besser zu sehen, gingen wir dabei auf den Bänken der Maschine entlang auf und ab. Wenn sich ein Fehler nicht mehr korrigieren liess, mussten wir diesen mit blauer, auswaschbarer Kreide anzeichnen.

Der bestickte Stoff wurde automatisch auf eine Rolle aufgezogen und den Nachstickerinnen, die für meinen Vater arbeiteten, zur weiteren Verarbeitung gebracht. Jeden Fehler, den wir angezeichnet hatten, mussten diese Frauen auf ihren speziellen Nähmaschinen ausbessern. Das war eine Geduldsarbeit! Die längste Zeit konnte ich ihnen dabei zuschauen. Papa sagte immer: «Alice, wenn du das lernen würdest, könnten wir die ganze Arbeit im Haus machen. Dann müssten wir sie nicht mehr auswärts geben!» Aber das wollte ich nicht; dazu hätte mir die Geduld gefehlt!

Fast jeden Samstag fuhr mein Vater mit dem Zug nach St. Gallen zu seinem Arbeitgeber. Mit sich führte er in grossen Paketen die bestickten Stoffe. In der Tex-

Weltweiter Exportschlager

Die Stickerei-Erzeugnisse aus Stadt und Region St. Gallen waren einst der grösste Exportzweig der Schweizer Wirtschaft und machten die Hälfte der Weltproduktion aus. Ihre Hochblüte hatte die St. Galler Stickerei zwischen 1890 und 1910; mit dem Ersten Weltkrieg ging die Nachfrage sprunghaft zurück und löste in der Region eine grosse Wirtschaftskrise aus. St. Galler Spitze ist noch heute ein Material, aus dem weltweit Kreationen der Haute Couture hergestellt werden. Die Schiffchenstickmaschine wurde 1863 vom St. Galler Isaak Gröbli erfunden. Weit verbreitet war damals erst die Handstickmaschine, bei welcher eine doppelspitzige Nadel durch den Stoff hin- und hergeführt wird. Die Schiffchenstickmaschine funktionierte wie die kurz zuvor erfundene Nähmaschine: Bei jedem Stich wird der Oberfaden in der Nadel mit dem Unterfaden aus dem Schiffchen verschlungen. Mit dem Pantografen wurden manuell die Muster gebildet, dieser wurde später durch Lochkarten ersetzt und wird heute mit der entsprechenden Computersoftware gesteuert.

tilfabrik kamen diese zunächst in ein Laugenbad. Dort wurde der Grundstoff so weggeätzt, dass nur noch die reine Stickerei übrig blieb: die kostbare St. Galler Spitze. Wenn der Vater jeweils am Abend zurückkam, brachte er neuen Stoff, Vorlagen und Faden mit – und den Lohn: Wie alle Sticker wurde auch mein Vater pro Stich bezahlt. Schiffchensticker verdienten damals viel! Meine Grosseltern wohnten mit uns im gleichen Haus; wir waren also neun Personen und haben nie Not gelitten. Dabei war der Anfang schwierig gewesen. 1914, als knapp Dreissigjähriger, wurde mein Vater nach Amerika geschickt. Dort musste er junge Leute anlehren. Auf dem Heimweg wurde ihm auf dem Schiff das ganze Geld, das er in diesem Jahr verdient hatte, gestohlen. Ach, wie oft hat er uns diese traurige Geschichte erzählt, und immer und immer wieder wollten wir Kinder sie hören!

Die Kinderjahre gehören zur glücklichsten Zeit meines ganzen Lebens. Arbeit gab es zwar immer, und wir mussten viel helfen – in der Freizeit und in den Ferien. Aber es war eine schöne Arbeit: Man hatte warm und war im Trockenen, es gab immer ein «Znüni» und ein «Zvieri» – und vor allem war die ganze Familie zusammen und hatte es schön miteinander!

Wie Arbeit zum Spiel wurde

Als Annemargrith Lüscher aufwuchs, war es ganz normal, dass Buben und Mädchen zu Hause arbeiteten. Doch dank ihrer kindlichen Fantasie schafften sie und ihre Freunde es immer wieder, die Arbeit in ein Spiel zu verwandeln.

Annemargrith Lüscher
wurde 1933 geboren und wuchs zusammen mit einem acht Jahre älteren Bruder und einer zwölf Jahre älteren Schwester im Aargau auf. Der Vater war ursprünglich Bäcker/Konditor und später Eierhändler. Nach der Schule folgte die Ausbildung zur Kindergärtnerin in Bern. Danach arbeitete sie an verschiedenen Orten, bevor sie jahrzehntelang in Zürich als Kindergärtnerin wirkte. Heute lebt sie wieder im Aargau.

Als ich ungefähr zehn Jahre alt war, wohnten vis-à-vis von uns Erna und ihr Bruder Hans, den wir «Schang» nannten. Die beiden waren schätzungsweise vier bis fünf Jahre älter als ich und mussten zu Hause sehr viel helfen.

So wurden ihnen beispielsweise in der Bohnenzeit von der in Lenzburg AG ansässigen Konservenfabrik Hero kistenweise Bohnen angeliefert. In Heimarbeit mussten diese dann «abgefädelt» beziehungsweise die Spitzen entfernt werden, damit man das Gemüse später verarbeiten und in Büchsen abfüllen konnte.

War die Arbeit erledigt, holten die Hero-Leute die Ware wieder ab. Allerdings nicht ohne genau zu kontrollieren, ob sparsam geschält worden war. Zudem wurden die abgefädelten Bohnen zusammen mit dem Rüstgut, welches man hatte aufbewahren müssen, gewogen, und es wurde geschaut, ob das Ausgangsgewicht der angelieferten Bohnen erreicht wurde.

Weil wir Kinder Erna gerne bei unserem «Trieberlis»-Spiel dabei gehabt hätten, wofür es mehrere Kinder brauchte, halfen wir ihr zu dritt oder zu viert beim Rüsten. Erna achtete darauf, dass wir sehr genau arbeiteten, weil sie sich keine Schelte ihrer Mutter einhandeln wollte. So sassen wir zusammen am Tisch und arbeiteten so konzentriert, dass nur selten gesprochen wurde.

Nach getaner Arbeit und nachdem wir alles fein säuberlich aufgeräumt hatten, spielten wir gemeinsam unser beliebtes, aufregendes und oft zu Disputen Anlass gebendes «Trieberlis»-Spiel. Dabei wurden zwei Gruppen gebildet, die sich gegenüberstanden. Von der Abwurflinie aus versuchten wir, uns gegenseitig mit möglichst weiten Ballwürfen über eine zweite, zirka zwanzig Meter weiter hinten gezogene Grenzlinie zurückzutreiben. Dorthin, wo der Ball der Gegenpartei zu Boden gegangen war, musste sich die zurückgetriebene Gruppe zurückziehen und ihre Bälle künftig von da aus abschicken. Wer den Ball nicht vor der hintersten Grenzlinie abwehren konnte oder zu fassen bekam, hatte die Partie verloren.

Weil in unserem Quartier nicht so viele Kinder wohnten und jene, die es gab, immer zu verschiedenen Zeiten freihatten, war es nicht einfach, genügend Mitspieler für eine «Trieberlis»-Partie zusammenzutrommeln. Es brauchte nämlich in jeder Mannschaft mindestens drei, besser fünf oder sechs Mitspieler. Und wenn wir dann einmal genügend Kinder waren, spielten wir das Spiel stundenlang. Austragungsort war die asphaltierte Hauptstrasse von Hunzenschwil AG Richtung Brugg, die damals noch sehr wenig befahren war. So konnten wir uns gefahrlos erlauben, uns auf der Fahrbahn zu tummeln. Angesichts des heutigen Verkehrsaufkommens ist das unvorstellbar, aber damals fuhr nicht einmal jeden Tag ein Auto vorbei.

Weil Erna auch viel für sich, ihren Bruder, ihren Vater und ihre Mutter Socken stricken musste, setzten wir uns oft grüppchenweise mit einer «Lismete» zu ihr

Traditionsreiches Schweizer Unternehmen

Seit der Erfindung der Konserve im Jahr 1809 durch den französischen Koch und Konditor Nicolas Appert fanden Konserven vor allem bei der städtischen Bevölkerung grossen Anklang. Davon profitierte auch der Schweizer Lebensmittelkonzern Hero in Lenzburg. Gegründet wurde das Unternehmen 1886 von den ehemaligen Schulkameraden Gustav Henckell und Gustav Zeiler, damals allerdings noch unter dem Namen «Conservenfabrik Henckell & Zeiler». Nach Gustav Zeilers Tod 1889 trat Carl Roth als neuer Teilhaber in die Firma ein. 1910 entstand aus den Anfangsbuchstaben der Besitzer der neue Firmenname «Hero». Bereits 1912 verkaufte Hero 31 Sorten Konfitüre, zwei Jahre später ging man an die Börse. Das Unternehmen florierte, sodass bis 1939 fünf Fabriken gegründet oder übernommen wurden. Heute ist Hero ein internationaler Nahrungsmittelkonzern, der sich noch immer in Familienbesitz befindet und seinen Hauptsitz wie eh und je in Lenzburg AG hat. Hero beschäftigt heute zirka 3500 Menschen in über 30 Ländern sowie 300 Mitarbeiter in der Schweiz. Im Jahr 2011 feiert der Schweizer Lebensmittelkonzern Hero in Lenzburg AG sein 125-jähriges Bestehen.

und machten aus der Arbeit ein Spiel. Das ging so: Wir holten ein Buch oder eine Zeitung hervor, dann schloss eines von uns die Augen und berührte mit einer Stricknadel eine Buch- oder Zeitungsseite. Anschliessend öffnete es die Augen und zählte, aus wie vielen Buchstaben das Wort bestand, welches es mit der Stricknadel angetippt hatte. Nun musste das betroffene Kind so viele Nadeln oder Gänge stricken, wie das Wort Buchstaben enthielt.

Wer sein Pensum zu Ende gestrickt hatte, rief: «Fertig!», und durfte von diesem Zeitpunkt an «in die Kasse lismen», bis das letzte Kind seine Aufgabe erledigt hatte. Das bedeutete, dass die in die «Kasse» auf Vorrat gestrickten Gänge oder Nadeln herangezogen werden konnten, wenn man später das Pech hatte, ein Wort mit vielen Buchstaben anzutippen. In diesem Fall durften sie bei der zu erledigenden Aufgabe angerechnet oder aber in der Kasse belassen werden.

Auf diese fantasievolle Art haben wir Kinder die Arbeit in ein Spiel verwandelt und uns damit ein vergnügliches Beisammensein geschaffen, an das ich mich noch heute sehr gerne erinnere.

Schreiben aus erster Hand

Als Journalistin und Bundeshauskorrespondentin erlebte Lys Wiedmer-Zingg die politischen und gesellschaftlichen Veränderungen der letzten fünfzig Jahre aus nächster Nähe mit. Mit spitzer Feder und ihrem Instinkt folgend dokumentierte sie die Ereignisse.

Lys Wiedmer-Zingg
wurde am 8. September 1923 in Basel geboren. Nach der Handelsschule arbeitete sie zunächst als Werbetexterin und schliesslich als Journalistin bei verschiedenen Zeitungen und Zeitschriften. Von 1963 bis 1985 war sie als Bundeshausjournalistin akkreditiert. Als Autorin veröffentlichte sie verschiedene Bücher über die Emanzipation der Frauen, als letztes erschien im September 2010 «Missglückter Dressurakt». Darin beleuchtet sie als Zeitzeugin die Frauenpolitik von 1959 bis heute. Lys Wiedmer-Zingg lebt und arbeitet in ihrem Haus in Avenches.

■ In meiner Jugend konnte man als Frau Coiffeuse, Verkäuferin oder Sekretärin werden und, wenn man Glück hatte, Kindergärtnerin. Aber Journalistin? Das war mein Traumberuf. Die Enge während der Kriegsjahre, die Angst vor Hitlerdeutschland, die Verdunkelungen über Basel, die ich als Kind erlebt hatte, weckten in mir einen unbändigen Freiheitsdrang. Ich wollte hinaus in die Welt und diese den Menschen in der Schweiz schreibend näherbringen. Doch Zeitungen und Magazine waren zu dieser Zeit ausschliesslich in Männerhand.

Ich absolvierte in Basel eine Handelsschule und erkämpfte mir meine erste Stelle in einer Werbeagentur, wo ich halb als Sekretärin und halb als Texterin angestellt wurde. Mein damaliger Chef ermunterte mich: «Du siehst aus, als könntest du schreiben.» Beim Reklametext lernte ich, das Wesentliche in wenigen Worten auf den Punkt zu bringen: «Blütenfrisch mit Steinfels» war zum Beispiel eine Kreation von mir. Schliesslich wechselte ich als Redaktionsassistentin zu Ringier. Beim damaligen Gelben Heft betreute ich die Rubrik Eheberatung und die Handarbeitsseite, bis ich den Fotografen Jo Wiedmer kennenlernte und wusste: Diesen Mann werde ich heiraten.

Zusammen bereisten wir andere Länder. Wir waren in Algerien und Spanien, in Brasilien, Berlin und Paris, und überall machten wir grosse Reportagen. Nach dem Krieg war das Interesse der Menschen an allem, was jenseits der Grenze geschah, riesig. Die wenigsten konnten ja damals schon selber reisen. Unsere Reportagen liessen sich deshalb auch gut der Schweizer Illustrierten, der damaligen Sie + Er oder dem Gelben Heft verkaufen. Reich wurden wir nicht, und oft wussten wir nicht, wovon wir im nächsten Monat leben sollten.

Wir trugen immer eine Mappe mit gelungenen Reportagen bei uns. Damit gingen wir auch zu den Chefredaktoren in den jeweiligen Ländern, in denen wir uns aufhielten. So sprachen wir auch einmal beim Chefredaktor von Paris Match vor. Gelangweilt blätterte der Chefredaktor durch unsere Unterlagen, bis er zu einem Bild kam, das einen Zirkuselefanten beim Einsteigen in einen Eisenbahnwagen zeigte. Er sagte nur ein einziges Wort: «Voilà». Wir erhielten fünfhundert Franken – und das an einem Tag, an dem wir unser Auto in einer Strasse stehen lassen mussten, weil wir kein Benzin mehr kaufen konnten. Das Bild ging schliesslich um die Welt, und wir konnten rund ein halbes Jahr von den Honoraren leben.

In der Sahara begegneten wir Frauen, die mit sechzehn Jahren bereits von ihren alten Ehemännern verstossen wurden. In Paris hatten wir Begegnungen mit den elegantesten Mannequins. Im Baskenland schrieb ich über die stolzen, unabhängigen Frauen dieser Region. In Deutschland sahen wir Menschen über Schuttberge steigen und Schritt für Schritt ins Leben zurückfinden. In Ostberlin gerieten wir in einen Aufstand gegen die russische Besatzung – während nur wenige Hundert Meter daneben in der Schweizer Botschaft ein Empfang für Lilo Pulver stattfand. So war damals der Journalismus: lebendig, nah und unmittelbar. Es gab keine Quellen wie heute das Internet, auf die man jederzeit Zugriff hatte. Man konnte und musste das Leben aus erster Hand erfahren.

1954 kam unser Sohn auf die Welt. Wir bauten ein Haus in Avenches, und ich begann als freie Journalistin zu arbeiten. 1959 wurde ich in den Gemeinderat von Avenches gewählt und merkte: Ich war eine politische Analphabetin. Wie allen Frauen fehlten mir die politische Erfahrung und die politische Sprache. Diese von den Männern dominierte Welt war eine Welt, die ich nicht verstand. Aber ich wollte sie kennenlernen – und zwar im Bundeshaus. 1963 wurde ich als Bundeshausjournalistin akkreditiert, neben der Akademikerin Beatrice Steinmann als einzige Frau unter 76 Männern.

Die Zusammenarbeit mit ihnen war wirklich nicht einfach. Mein erster Hosenanzug schockierte sie – das gehöre sich nicht für eine Frau! Während die welschen Kollegen mir gegenüber eine freundliche, paternalistische Haltung einnahmen, wurde ich von den Deutschschweizer Journalisten lange gar nicht als Kollegin wahrgenommen. Man war auch nicht per Du. Als ein Redaktor der damaligen Nationalzeitung hörte, dass ich mit Bundesrat Tschudi ein Interview über die AHV führen würde, stellte er mir eine Denksportaufgabe. Irgendwas mit Nüssen – ich konnte sie jedenfalls nicht lösen. Worauf mich der Redaktor anraunzte, intellektuell sei ich ja gar nicht fähig, mit einem Bundesrat zu reden.

Ich störte die Männer nicht nur durch meine Anwesenheit, sondern auch mit meinem Stil. Er war ihnen zu populär, zu nahe am Menschen. Die regelmässig abgegebenen offiziellen Bulletins interessierten mich nicht. Ich folgte meinem Instinkt und versuchte, immer hinter die Kulissen und hinter die Fakten zu schauen. So schrieb ich auch zum Beispiel über die Bundeshausgärtnerei, die Rolle der Weibel oder den Landsitz Lohn. Wenn ich etwas nicht verstand, fragte ich nach, bis mir die Zusammenhänge klar wurden. Ich sah mich als Bindeglied zwischen den Vorgängen im Bundeshaus und den Leserinnen und Lesern.

Wurde ein neuer Bundesrat gewählt, war ich wenige Tage später bereits bei ihm zu Hause, mit Stenoblock – ein Aufnahmegerätchen hatte ich damals noch keines – und einem guten Fotografen. Ich wusste: Wartete man nur eine Woche, bewegte sich bereits ein ganzer Hofstaat um den neuen Magistraten und bestimmte seinen Tagesablauf. Jeden Abend fuhr ich zurück nach Avenches; in Bern hatte ich nie ein Büro. Am spannendsten war für mich immer die Zeit der Sessionen. Meistens trudelte ich am Montagnachmittag im Bundeshaus ein, hörte mich um und spürte Geschichten auf. Am Dienstag und Mittwoch führte ich Gespräche, recherchierte Hintergrundberichte und machte Reportagen. Am Donnerstag setzte ich mich zu Hause an die Schreibmaschine. Noch vor Mitternacht fuhr ich bei jedem Wind und Wetter auf die Nachtpost nach Fribourg, um die verschiedenen Artikel aufzugeben. Sie mussten am Freitag auf den Redaktionen sein, um in den Samstagsausgaben publiziert zu werden.

Ich blieb all die Jahre und Jahrzehnte unabhängig, wählte die Themen selber aus und bot sie den verschiedenen Zeitungen und Zeitschriften an. Frauenfragen und Frauenrechte bildeten meine Schwerpunkte. Ich schrieb für Frauenzeitschriften, aber auch für die Coop Zeitung zum Beispiel das «Stauffacherinnen ABC» oder für den damaligen Brückenbauer die Kolumne «Eva zwischen zwei Kammern». Ich lernte auch alle die Frauen kennen, die sich für Emanzipation und Frauenrechte einsetzten. Es waren grossartige Frauen, gradlinig und stark.

Mit der Einführung des Frauenstimmrechts 1971 war die Zeit für den Einzug von Frauen ins Bundeshaus mehr als reif. Eine neue Welt tat sich fast von einem Tag auf den anderen auf. Plötzlich bewegten sich auch viele junge Journalistinnen in der Wandelhalle. Man begann, einander Du zu sagen, ging miteinander essen oder nach der Arbeit noch ein Glas trinken. Die Frauen waren mittendrin und sassen nicht mehr am Nebentisch politisierender Männer. Ich erlebte einen gewaltigen Schub, der durch Politik und Gesellschaft ging. Der Mann als Oberhaupt hatte ausgedient; Eherecht, Scheidungsrecht, Kindsrecht oder Adoptionsrecht mussten den neuen Verhältnissen angepasst werden. Die alte Zeit war vorbei.

Zwei historische Ereignisse bleiben mir unvergessen. Das eine war die Nichtwahl von Liliane Uchtenhagen, das andere der Rücktritt von Elisabeth Kopp, mit der ich bis heute befreundet bin. In meinem soeben neusten Buch mit dem Titel «Missglückter Dressurakt», das im Herbst im Reinhardt Verlag Basel erschien, halte ich alle diese Ereignisse und Begegnungen fest. Mein persönliches Leben ist verwoben mit einem Stück Schweizer Geschichte. Dafür bin ich unendlich dankbar: Als Zeitzeugin durfte ich die grossen politischen und gesellschaftlichen Veränderungen des 20. Jahrhunderts – den Wechsel vom Vaterland zum Mutterland – aus erster Hand miterleben und beschreiben!

Von der Acta diurna zum Online-Journalismus

Die Ursprünge des Journalismus gehen bis in die Zeit der Römer zurück, als bereits im 1. Jahrhundert vor Christus ein tägliches Informationsblatt namens Acta diurna herausgegeben wurde. Schon damals waren ähnliche Themen wie heute interessant: Offizielle Informationen mischten sich mit Nachrichten und Unterhaltung. Ein Durchbruch wurde aber erst mit der Erfindung des Buchdrucks erzielt, als immer mehr Informationsblätter unter die Leute kamen. Dank der Entwicklung der Telegrafie wurden im 19. Jahrhundert auch die Kommunikationswege kürzer. Das Berufsbild des Journalisten entstand um 1900, als erste Zeitungen eine realistische und objektive Berichterstattung versuchten. Gleichzeitig führten Fortschritte im Bildungswesen dazu, dass immer mehr Menschen potenzielle Zeitungsleserinnen und -leser wurden. Der Begriff Massenmedien entstand. Mit der Entwicklung von Radio und Fernsehen erweiterte sich auch das Berufsfeld des Journalisten vom Berichterstatter für Zeitungen und Zeitschriften zum Radio- und Fernsehjournalisten bis hin zum heutigen Online-Journalismus.

Der Aufenthalt in der Fremde

Der Welschlandaufenthalt wurde für Elsbeth Vogel-Andres zur Lebensschule. Kopfschüttelnd erinnert sie sich an diese harte Zeit. Dennoch erleichterte ihr das Jahr in Genf die anschliessende Ausbildung und das gesamte private und berufliche Leben.

Elsbeth Vogel-Andres

wurde am 8. Juli 1948 in Aarberg BE geboren. Wuchs auf einem Bauernhof im Emmental auf. 1964 ging sie für ein Jahr ins Welschland und absolvierte 1966 bis 1970 in Bern die Ausbildung zur Hausbeamtin. 1970 bis 1973 arbeitete sie am Bezirksspital in Grosshöchstetten BE. 1973 Heirat mit Rudolf Vogel, Umzug nach Küssnacht am Rigi SZ. Verschiedene Stellvertretungen in Kantinen des Schweizer Verbands Volksdienst (SV). Heute Gästebetreuerin bei Hochzeiten auf Schloss Meggenhorn in Meggen LU. Elsbeth Vogel-Andres hat zwei Söhne und drei Enkelkinder.

Bereits der Start meines Welschlandjahres war dramatisch. Ich sollte in Genf das Hauswirtschaftslehrjahr absolvieren. So begleitete mich meine Mutter Alice am 8. April 1964 in die Rhonestadt, wo uns Monsieur und Madame Vermont in Empfang nahmen. Gemeinsam assen wir in der Wohnung des Paars zu Abend.

Es gab Artischocken. Weder meine Mutter noch ich hatten jemals Artischocken verspeist, und natürlich wussten wir nicht, wie man das tat. Monsieur Vermont, der an der Universität von Genf als Professeur de des-

73

sin arbeitete, war aber die Liebenswürdigkeit in Person und zeigte uns, wie es geht. Nach dem Essen erklärten Monsieur und Madame, dass sie noch einen Konzertbesuch geplant hätten und deshalb den Abend nicht zu Hause verbringen würden. Also brachten sie meine Mutter zum Bahnhof und gingen dann ins Konzert.

Müde von der Reise ging ich bald zu Bett. In der Nacht bemerkte ich Stimmen im Haus, konnte mir jedoch keinen Reim darauf machen. Am Morgen sagte Madame nur zu mir: «Il est loin», und zeigte nach oben. Ich verstand nicht, was sie mir damit sagen wollte. Doch dann erfuhr ich, dass Monsieur Vermont während des Konzerts einen Herzinfarkt erlitten hatte und gestorben war. Was für ein Schock! Damit begann für mich eine harte Zeit. Einerseits litt Madame Vermont unter dem Tod ihres Mannes und war manchmal ziemlich angespannt. Sie war zudem sehr streng – der mässigende Einfluss von Monsieur fehlte. Andererseits engagierte sie sich als ehemalige Lehrerin nun wieder im Berufsleben und wurde Schulinspektorin.

Dadurch war ich viel alleine. Einen Tag in der Woche besuchte ich die Hauswirtschaftsschule, die restliche Zeit musste ich den Haushalt besorgen. Die Wohnung lag im sechsten Stock eines Mehrfamilienhauses und war über einen alten Gitterlift erreichbar. Das Appartement war gross, und es gab nicht weniger als drei Salons. Es wartete also reichlich Arbeit auf mich. Ich verdiente 60 Franken pro Monat. Von meinem ersten Lohn schickte ich 40 Franken nach Hause, weil mein Vater Hans uns Kinder immer sehr zum Sparen zwang.

Am Wochenende fuhren wir mit Madame jeweils im Auto zu ihrem Chalet in La Forclaz VS. Das liebte ich nicht so sehr, denn sie lud immer Gäste ein, was einen Haufen Arbeit für mich bedeutete. Zudem litt ich unter starkem Heimweh, obwohl ich zu Hause auf dem Bauernhof ebenfalls viel hatte arbeiten müssen. Aber Genf und das Welschland waren halt eine ganz andere Welt als das Emmental, wo ich aufgewachsen bin. Zudem war ich damals knapp 16 Jahre alt.

Weil Madame Vermont so streng war und häufig mit mir schimpfte, wurde ich immer unsicherer und ungeschickter. So geschah es, dass ich eine edle Mokkatasse fallen liess. Ich wollte mein Missgeschick gutmachen und eine neue Porzellantasse kaufen, doch ich fand nirgends dieselbe. Das gab ein Donnerwetter.

Im Sommer, als die Pfirsiche günstig waren, kauften Madame und ich eines Morgens drei Kilo dieser Früchte sowie drei Kilo Zucker. Daraus sollte ich Konfitüre kochen, während sie bei der Arbeit war. Am Abend zuvor hatte Madame Vermont mir erklärt, dass der Schaum beim Kochen dreimal aufsteigen müsse, dann sei die Masse gut. Ich gab also in drei Pfannen je ein Kilo Pfirsiche und ein Kilo Zucker. Bei zwei Pfannen funktionierte das Aufkochen einwandfrei, doch bei der dritten Pfanne geschah einfach nichts. Ich wartete so lange, bis die Masse schliesslich völlig angebrannt war. Aus lauter Angst vor Madames Schelte goss ich das klebrige Zeug in eine aus Steingut gefertigte Salatschüssel und reinigte die Pfanne, so gut es ging. Aber ich brachte sie nicht völlig sauber.

Dann kaufte ich nochmals ein Kilo Pfirsiche und ein Kilo Zucker. Im zweiten Anlauf klappte es. Aber, o weh, inzwischen war die Pfirsichmasse in der Steingutschüssel hart geworden und konnte nicht mehr herausgelöst werden. Also versteckte ich das Gefäss im Lavabo in meinem Zimmer und liess die ganze Nacht heisses Wasser hineintropfen. Natürlich wunderte sich Madame am Abend über die schwarzen Flecken auf dem Pfannenboden.

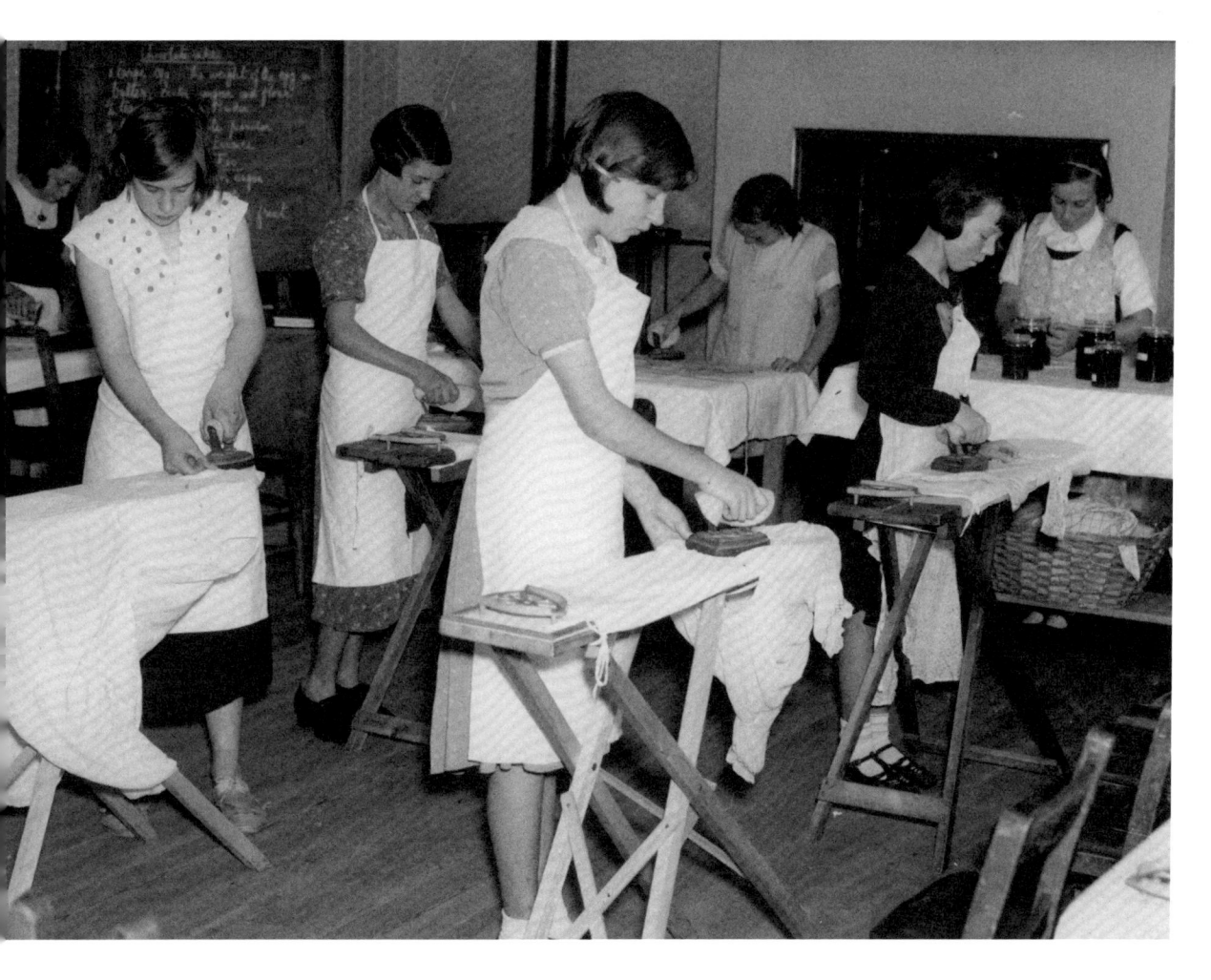

Am nächsten Tag kam Madame Vermonts Vater zu Besuch, und die Salatschüssel wurde gebraucht. Weil ich sie die Nacht über heimlich eingeweicht hatte, konnte ich die Schüssel reinigen. Doch kaum hatte ich dieses Problem gelöst, zeigte sich ein viel schlimmeres, denn nun war von der Pfirsichmasse der Abfluss verstopft! Ich hatte Angst vor Madame Vermonts Reaktion, schwitzte Blut und Wasser und rief den lieben Gott an, mir zu helfen. Da plötzlich entdeckte ich unter dem Lavabo einen alten Wasserhahn, der mit «Vidage» (Entleerung) angeschrieben war. Mühsam schraubte ich ihn auf und konnte so die Verstopfung des Abflussrohrs beheben. Ich war unglaublich erleichtert!

Für die wöchentliche Wäsche musste ich am Vorabend Kernseife mit einer Raffel reiben, die Wäsche separat in drei Töpfen einweichen und am anderen Morgen wie zu Gotthelfs Zeiten auf dem Gasherd sauber kochen! Welch ein Handwerk!

Weil in Genf das Fleisch sehr teuer war, kam jede Woche von einem Metzger in Evolène VS ein Fleischpaket. Neben anderen Stücken fanden sich darin auch Leberplätzli. Im Welschland isst man diese «bleu», also nur kurz angebraten und damit sehr blutig. Ich mochte das überhaupt nicht, traute mich aber nicht, dies zu sagen. So trank ich immer grosse Mengen Wasser dazu, damit ich mich nicht erbrechen musste. Seit meiner Zeit in Genf habe ich nie mehr Leberplätzli gegessen.

Im Sommer durfte ich das erste Mal für eine Woche nach Hause fahren. Eigentlich hätte Madame Vermont das Bahnbillet bezahlen müssen, doch sie weigerte sich, als ich ihr nach meiner Rückkehr erzählte, dass ich meinen Eltern beim Heuen geholfen hatte. Schliesslich hätte ich gearbeitet, statt Ferien zu machen. Wieder wagte ich nicht aufzubegehren. Obwohl sie es nicht hätte tun dürfen, schickte mich Madame zudem regelmässig zu ihrer Tochter, die mit einem Pfarrer verheiratet war. Dort sollte ich bügeln. Als ich ankam, musste ich stets auch die Küche putzen. Immerhin waren die beiden nette Menschen, die mir ab und zu einen Fünfliber zusteckten.

Ein Aufsteller war dagegen, dass ich viele Briefe und Päckli aus unserem Dorf bekam. Meine Leute schickten mir liebe Worte, Früchte, Biskuits und Schokolade. Sogar die Schüler schickten mir im Auftrag des Lehrers einen Brief mit Neuigkeiten. Toll fand ich ausserdem die Anlässe in der Jungen Kirche (JK), die viele Deutschschweizer besuchten. Dort lernte ich nicht nur singen und fühlte mich sehr geborgen, sondern ich sah auch meinen ersten Film: «Hinter den sieben Gleisen» mit Ruedi Walter, Zarli Carigiet und Max Haufler. Noch dazu lernten wir im Rahmen von organisierten Ausflügen die Umgebung von Genf kennen.

In der Haushaltsschule fühlte ich mich ebenfalls immer wohler, denn mein Französisch wurde besser, ich lernte viel und schloss die französische Haushaltslehre mit Bravour ab. Als das Haushaltslehrjahr vorüber war, überredete Madame Vermont mich und meine Mutter, dass ich noch drei Wochen ins Wallis mitkam, damit ich das Chalet putzen konnte. Dabei hätten meine Eltern mich gebraucht, doch wir trauten beide nicht, uns zu wehren. Im Frühling 1965 schliesslich holte mich mein Vater Hans mit Ross und Wagen am Bahnhof Schönbühl ab. Ich war glücklich, wieder zu Hause zu sein. Als ich wenig später mit Vater auf dem Feld arbeitete, kam uns plötzlich ein elegant gekleidetes Paar entgegen. Es waren die Eltern meiner Nachfolgerin in Genf, die wissen wollten, ob es bei Madame Vermont wirklich so schlimm sei, wie ihre Tochter behauptete. Nachdem ich ihnen meine Erlebnisse geschildert hatte, holten sie ihre Tochter unverzüglich heim. Rückblickend finde ich, dass Madame Vermont mich sehr ausgenutzt hat. Dennoch war die harte Zeit in Genf für mich eine Lebensschule, denn ich lernte mich durchzubeissen. Das kam mir dann in der Ausbildung zugute. Eigentlich hatte ich Krankenschwester werden wollen, doch Mutter redete mir das aus. Sie wollte, dass ich den Sohn einer befreundeten Bäuerin heiratete, und meldete mich für einen Nähkurs in der Frauenarbeitsschule in Bern an, der von Januar bis März 1966 dauerte. Das war damals für Bauerntöchter so üblich.

Weil ich allerdings meinen eigenen Weg gehen und eine Ausbildung machen wollte, suchte ich noch während des Nähkurses die Berufsberatung auf. Dort erfuhr ich, dass im April 1966 in Bern eine neue Schule eröffnet würde, wo man sich während vier Jahren zur Hausbeamtin ausbilden lassen könne. Dank dieser Ausbildung kam ich trotzdem ins Krankenhaus, denn ich trat nach der Lehre eine Stelle am Bezirksspital Grosshöchstetten BE an, wo ich mit 22 Jahren bereits über zwanzig Leute führte.

Das macht eine Hausbeamtin

Elsbeth Vogel-Andres machte Ende der 1960er-Jahre die Ausbildung der Hausbeamtin. Heute heisst dieser Beruf dipl. Hauswirtschaftliche Betriebsleiterin HF oder dipl. Hauswirtschaftlicher Betriebsleiter. Personen mit dieser Ausbildung übernehmen Fach- und Führungsverantwortung für die Bereiche Verpflegung/Gastronomie, Reinigungstechnik/-organisation sowie Wäschereitechnik/-organisation. Zu den Aufgaben dieser Berufsleute gehören die Leistungserfassung, die Kosten-Nutzen-Vergleiche sowie das Qualitätsmanagement. Sie sind zuständig für Personalgewinnung, Einsatzplanung sowie für die Qualifikation der Mitarbeiter. Ausserdem stehen die Entwicklung und Koordination von Facility-Management-Dienstleistungen auf dem Programm. Hauswirtschaftliche Betriebsleiter findet man in Spitälern, Heimen, Spitexorganisationen, in Restaurationsbetrieben, Hotels, Wäschereien und Reinigungsunternehmen.

Impressum

Projektleitung/Redaktion/Produktion:
Marianne Noser, Chefredaktorin Zeitlupe

Grafik: Theodor Bilger

Bildredaktion: Anja Fliege

Korrektorat: Heike Burkard

Druck: W. Gassmann AG, 2501 Biel

Bildnachweis

Titel	RDB/ATP/Klameth, RDB/ATP/Rutishauser, RDB/ATP, Prisma/Imagebroker, RDB/ATP/Lindroos, RDB/ATP/Keller, RDB/ATP/Lindroos, RDB/ATP
Seite 3	RDB/ATP
Seite 4	Keystone/Imagno
Seite 5	RDB/ATP/Grisel
Seite 8	Puppendoktorin: RDB/ATP/Metzger
Seite 10	Spitzenklöpplerin: RDB/ATP/Klameth
Seite 12	Krankenpflegerin: RDB/ATP/Stampfli
Seite 14	Sekretärin: Prisma/Marka
Seite 16	Drogist: RDB/ATP/Grisel
Seite 18	Polsterer: RDB/ATP/Rutishauser
Seite 20	Heimarbeiterin: Prisma/Imagebroker
Seite 22	Opernsängerin: Ira Nowinski/ CORBIS
Seite 24	Polyallergie: RDB/ATP/Metzger
Seite 26	Handmaschinenstickerin: RDB/ATP/Metzger
Seite 28	Dorfschmied: RDB/ATP
Seite 30	Dorfschmied: RDB/ATP/Zurlinden
Seite 31	Störschneiderin: RDB/ATP/Schleiniger
Seite 33	Störschneiderin: Condé Nast Archive/Corbis
Seite 34	Verkäuferin: RDB/ATP/Lindroos
Seite 36	Handstrickmaschine: Dubied
Seite 38	Dienstmädchen: RDB/ATP/Lindroos
Seite 40	Bauernbub: RDB/ATP/Zogg
Seite 42	Bauernbub: RDB/ATP/Jean-Pierre Grisel
Seite 43	Kaminfeger: Prisma/Imagebroker
Seite 45	Kaminfeger: RDB/ATP/Keller
Seite 46	Heuernte: RDB/ATP/Lindroos
Seite 48	Nagelschmied: RDB/ATP
Seite 50	Nagelschmied: Gallus Keel
Seite 51	Bürgerheim: RDB/Blick/Urs Hämmerle
Seite 52	Bürgerheim: RDB/ATP
Seite 54	Frivolité: Prisma/Mauritius, Museum Ballenberg
Seite 56	Küfer: RDB/ATP
Seite 58	Küfer: RDB/ATP/Lindroos
Seite 59	Schriftsetzer: RDB/ATP/Metzger
Seite 60	Schriftsetzer: RDB/ATP/Riker
Seite 62	Feldmauser: RDB/ATP/Kuhn
Seite 64	Korbflechter: Keystone/Scherl
Seite 66	St. Galler Stickerei: RDB/ATP/Walter Rutishauser
Seite 68	Kinderspiele: RDB/ATP/Häfliger
Seite 70	Journalistin: RDB/Blick/Gody Bürkler
Seite 71	Journalistin: RDB/ATP/Kuhn
Seite 73	Haushaltsdiplom: H. Armstrong Roberts/Corbis
Seite 74	Haushaltsdiplom: Keystone/Imagno
Seite 77	RDB/ATP/Metzger
Rückseite	RDB/ATP/Lindroos

Spannende Geschichten von anno dazumal

«Das waren noch Zeiten…», Band 1, 2, 3, 4 und Hörbuch Band 1

Die erste Fahrt auf einer Rolltreppe, die erste Dauerwelle, die erste Töfffahrt durch den Gotthardtunnel – Leserinnen und Leser der Zeitlupe haben spannende und amüsante Erinnerungen zusammengetragen. Ein Lese- und Hörvergnügen für alle Jahrgänge.

Jedes Buch kostet einzeln CHF 25.–, zwei Bände CHF 40.–, drei Bände CHF 60.–, alle vier Bände CHF 80.– (plus Porto).
Hörbuch Band 1, gelesen von Ex-TV-Mann Heinrich Müller, CHF 29.50 (plus Porto).

Bestellen unter info@zeitlupe.ch oder Telefonnummer: 044 283 89 13